新戦力！
働こう年金族
シニアの元気がニッポンを支える

原 忠男＝編著
発明学会会長 中本繁実＝監修

日本地域社会研究所

目次

第二章　働くことを学んだ「私の履歴書」

はじめに

これは主に60代から70代の方を対象に、〝元気なうちは働きましょう！〟という私の思いを書いた本です。

最近、交流会等でシニア世代の方と話すと、〝ぶっちゃけ、働きたい、稼ぎたい、幸せになりたい〟とおっしゃっています。稼いで、年に一度ぐらい海外旅行に行きたい！　と。それが本音ではないでしょうか。

現在、この世代の方の就労率は30〜40％とのことですが、気に入った職種についている人はなかなか少ないようです。そして、かつての勤め人の癖か、働き口を見つけることがフォーカスされているように見えます。

もちろんそれが悪いわけではなく、気に入った職種であれば結構なことだと思います。ただ、その場合は残念ながら、仕事の継続か打ち切りかの決定権が相手側にあり、不安定さは解消されません。

政府も「地方創生」や「一億総活躍」とか言っていますが、私は「シニア再生」の方がお金もかからず、効果も出やすいので、並行してやればと思います。

シニア世代の方は知識と経験と多少のお金も持っています。日本経済活性化の隠れた「宝の山」です。政府は何故ここに目をつけないのか不思議です。

現代の社会では、平均寿命は伸びても、年々、年金支給額は下がり、消費税は上がり、物価も上がっております。

「自分の城は自分で守る」、「稼ぐに追いつく貧乏なし！」ではありませんが、一般的には何らかの対策を講じたほうが良いのではないでしょうか？「働く」ということは、「所得を得る」ことのメリットもそうですが、生きがいや、やりがいといった社会との繋がりを得るという面でも有益な事だと思います。

働く事で、仕入先や販売先、そして仲間といったネットワークを生み、お金の流れと情報の流れも生み、ともすればシニア世代が陥りやすい、孤立や孤独をも防いでくれます。

私自身も年金族のど真ん中に位置しています。

自分自身の体験や、身近で元気に頑張っている人たちの事例をのべながら、シニアが働くことについて紹介します。働く意欲のある方々が、今後の生き方の選択肢の一つとして参考にしていただけたらと思い、できるだけ事例をたくさん取り入れさせていただきました。

もちろん、もう十分働いた！　そして蓄えもある！　あとは自由に好きなことをして暮らしたい！　また、仕事とは別な社会貢献をしたい！　これも1つの立派な生き方だと思います。

一度しかない人生を悔いなく過ごし、自分自身が輝くために、働いてみようと言う貴方の生き方の選択肢を広げる意味で、お役立て頂ければと思います。

ほんの少しの勇気を出して、チャレンジしてみませんか？

２０１６年１月

原　忠男

第一章　自分でやる

この章では、自分で「自立して働く」ことをテーマとします。

すでに皆さん方は、会社勤めなどを通じて、十分な経験や知識をお持ちなので、それを活かして、今度は自分が主役となって働く形を作られたら良いと思います。もちろん今までとは違った事でも、好きな事や、やりたい事を仕事にしても良いかと思います。又、今まで温めていたアイデアを実現する事でも良いと思います。

仕事を始めるのに大事なことは、これからは、「好きな事」、「やりたい事」をやるべきだということです。そうすれば自ずと、自分自身が活性化され、前向きになり、輝きが増します。

ここで1つ、注意すべき基本的なことをお話ししておきますと、会社勤めをしていた時と独立してやる時とでは、発想を180度変えなければならないということです。会社は組織体ですし、部下も上司も仲間もいて、その流れの中にいれば、たとえ自分が直接動かなくても自然と仕事も流れていきます。しかし、自分が独立してやるとなれば、自分が進めなければ誰も進めてくれません。

「自分が止まれば全てが止まる！」という事です。ですから独立して働く場合は、すべて自分でやるという決意と覚悟が必要です。

これは能力というより意識の問題だと思いますので、意識さえ切り替えられたらOKです。これができればスタートラインに立てたということです。

男性はいくつになっても、自分が夢中になれる「おもちゃ」が必要です。それが仕事に結びつけば最高だと思いませんか？　収入と社会貢献とやりがいが同時に得られるわけですから、まさにパラダイスの領域です。

こうなると毎日が楽しくなりますね！

働くことは「自分の能力を社会で表現する事」でもあります。そして、やりたい事をするのに年齢制限はありません。この領域にたどり着けば、いま社会で言われている、「高齢化社会」や「年金減少」や「消費増税」や「物価上昇」等も意に介さなくなるでしょう！

だって元気で、好きなことを仕事にして稼げるわけですから。

そして心掛ける事は、自分で仕事を始めようと思った時には、過去の栄光である「昔の肩書」等を忘れる事です。

それから、「頭とフットワークは軽くする」と言うのが私の持論です。「柔軟な発想と行動力！」が大事です。行動するのに「億劫だ」とか「面倒くさい」とかは禁句としてください。このような気持ちの整理というか、自分自身の決意ができれば、あとはスタートするばかりです。

社会を見回しても、最近は「シニアベンチャー」（60代以上の創業）が全創業者の30％を超えて来ています。元気で頑張っているシニアの方がどんどん増えております。健康で経験や知識のノウハウや人脈、それにある程度の資金もお持ちの方々は、是非共それらを活用して、頑張って頂きたいと思います。

では、具体的にどのように進めるのか、どのような方法があるのかをご紹介します。

1．資格がなくても独立できる

①自分自身の棚卸をしてみよう

シニアの方とお話しすると、自分は特別な才能や専門知識がないから起業は無理、とおっしゃる方が多くいらっしゃいます。本当にそうでしょうか？

特に資格を持たない方でも、今までの経歴を「棚卸」し、「今までやってきた事」、「これならできる事」や「やってみたい事」などを書き出してみましょう。仕事を始める時のこの〝玉選び〟すなわちビジネスの柱（商品やサービス）を探すことはとても重要です。自分では大した事ではないと思っても、他人から見たらすごい事だったというのは意外とあるものです。

ある派遣会社では、応募してきた人にまず本人の希望職種も聞きますが、それよりも、面接で一番大事な事は、応募者の「長所とスキル」を徹底的に聞き出すことだそうです（棚卸しをするそうです）。そして、それに合った会社に紹介（派遣）するそうです。

ですから皆さんも、まずご自分の長所やスキルを全て書き出して、再認識されることをおすすめいたします。そういう意味では皆さんは、今まで社会に長年貢献して来た、知識と経験の塊と言えるかもしれません。その事をきちんと掌握した上で、目標に向かってチャレンジされたら良いと思います。

但し、これにも前提条件があります。

それは、これから事業を立ち上げるわけですから、心身ともに「健康」で「前向きな気持ち」が必要になってきます。逆に言えば、経験や知識はすでに皆さんはお持ちなので、あとは健康で前向きな気持ちさえあれば、チャレンジ出来るという事です。

②必ず自分の意志で決める

独立するにあたり、他人のすすめや紹介、または儲かりそうだから、というようなことで仕事を選ぶ事はやめた方が良いでしょう。このような場合は、何か問題が出た時に、必死に解決する気力が出ない事や、途中で投げ出す恐れも出て来ます。

あくまで自分の意志で納得する形で決めるべきでしょう。

独立するということは100%自己責任でやるという事です。逆に言えば、全て自己責任でやるから、責任感も生まれ、真剣になり、苦労も苦労と思わず頑張れるわけです。そしてその夢が実現できた時には、〝大輪の花〟が咲くわけです。

それはやった者だけが味わえる喜びと言うか達成感です。登山で苦労して頂上に立った時の達成感を思い出して頂ければお分かりになるかもしれません。

人生、意外とやった者勝ちな所がありますよ!

③仕事の環境整備

よしやってみよう！　と決意し、玉選び（仕事の柱）ができれば、あとはその環境整備です。ですが今はほとんどの仕事が、パソコン＋プリンター＋電話があれば事足ります。これらはすでにほとんどの方がお持ちではないでしょうか？　細かな消耗備品等は百円ショップでも揃うほどです。アスクル等は今日注文すれば翌日には商品が届く便利さです。

オフィスもわざわざ最初から外で借りる必要は全くありません。自宅の一室で十分できます。インターネットが普及してから、独立も仕事もしやすくなりました。

創業される方は、一度、地元で開催される「創業塾」への参加をお勧めします。これはカリキュラムに沿って、事業計画書の作成から創業に必要なことを全て教えてくれます。学習する中身はたぶん、皆様方はそのほとんどをご存知かとは思いますが、実践を経験されているからなおさら理解も深まり、頭も整理でき勉強になります。

創業塾は理論と実践が1つになる有益なセミナーです。それと創業塾に行く最大のメリットは、同じような「起業」という志を持った仲間とのネットワークが構築できる事です。異業種の集まりですので、色々勉強にもなり、その後も情報交換や相談が

商工会議所　2015 創業塾カリキュラム

	回数	テーマ	主な内容
8/22 （土）	第１講	**＜創業の心構え＞** **創業者が押さえたい「アントレプレナーシップ（起業家精神）」**	・講座の進め方と基本ポリシー ・創業者に求められる“ミッション” ・創業者に必要な“三種の外部人材” ・“ビジョン”の重要性　ほか
	第２講	**＜事例紹介と意見交換＞** **創業者が“本音で語る”** **創業のやりがいと苦労とは？**	・当創業塾 OB・OG による創業体験談 ・事業立ち上げたでのやりがいと苦労 ・トーク・セッション「創業時の課題と解決方法」 ・創業者と受講者との意見交換　ほか
8/29 （土）	第３講	**＜現状分析と課題把握＞** **事業アイデアの固め方** **～創業者に求められる発想～**	・自身の経験・能力の棚卸 ・経営環境の変化をどう捉えるか？ ・ビジネスチャンスの活かし方 ・ＳＷＯＴ分析の演習　ほか
	第４講	**＜経営戦略とマーケティング＞** **確実な事業立ち上げへの** **“売れる仕組みづくり”**	・経営戦略に必要な４つの着眼点 ・創業期のマーケティング展開 ・販路開拓のツボと実践手法 ・事業コンセプトの明確化　ほか
9/5 （土）	第５講	**＜企業の数字と資金調達＞** **数字が苦手でも分かる** **企業財務と資金調達のツボ**	・会計の考え方と数字の見方 ・資金調達にかかる基本的知識 ・押さえたい資金繰りのポイント ・中小企業施策の有効活用法　ほか
	第６講	**＜Ｗｅｂの有効活用＞** **創業期に差をつけたい** **ネット展開の実践手法** (株)アイエムシー　社長　指宿大志　氏	・創業期のＷｅｂ活用のポイント ・自社ＨＰ作成のアウトライン ・コンテンツ充実に必要な事 ・ネットショップ運営の留意点　ほか
9/12 （土）	第７講	**＜経営資源のマネジメント＞** **ヒト・モノ・カネ・情報の有効活用法**	・経営資源のマネジメントの重要性 ・顧客とのリレーションシップづくり ・人的資源の有効な活性化 ・押さえたいマネジメントの基本ほか
	第８講	**＜ビジネスプラン策定①＞** **ビジネスプラン策定のための** **基礎知識**	・創業ビジネスプランの目的 ・プラン策定に必要な要素 ・“６Ｗ２Ｈ”によるチェックポイント ・経営戦略への落としこみ　ほか
9/19 （土）	第９講	**＜ビジネスプラン策定②＞** **事業構想のビジネスプラン** **への落とし込み**	・アクションプランの明確化 ・プランの実現性と有効性 ・経営資源の適切な配分 ・ビジネスプラン策定演習　ほか
	第 10 講	**＜講座のまとめ＞** **プランコンセプトの発表と総まとめ**	・創業プランサマリーシートの作成 ・ビジネススプランのコンセプト発表 ・更に事業を発展させるには…ほか

できる良き仲間に出会えます。独立される方には必須のセミナーだと思います。私自身、かつて東京商工会議所の主催する第1回「創業塾」に参加し、そのメリットを最大限享受した1人です。

④独立の形態

事業をスタートするにあたり、形態としては大きく分けて「会社組織」でやるか、「個人事業主」でやるかになると思います。どちらもやる仕事としての中身は一緒ですが、最初の登記や決算時の税務申告等に多少の違いが出てきます。

株式会社にしても昔ほどの資本金の制約や発起人の人数も必要なく、それぞれ1円からと1人からで出来ますし、手続きもずいぶん簡素化され楽になりました。

会社を大きく展開したいとか、大手企業と取引をしたいという方は会社組織の方が便利かと思います。対外的な信用力も会社組織の方が出るかと思います。個人事業主ですと業種によっては大手と取引口座が開設出来ずに、制約を受ける事もあります。これは相手側から見て、仕事上の対応力のキャパシティーを心配しての事だろうと思います。例えば大きな注文に対する対応や、クレーム等に対する責任の取り方等を心配してのことだと思いますが……。

経費的には当然、個人事業主の方がかかりません。どちらでスタートするかは事業の目指す方向性と創業者の考え方1つです。

この事はあまり固く考えずに、当初は個人事業主でスタートし、軌道に乗り始めたら株式会社に移行するのもひとつの方法かと思います。

また、逆の場合も有りかと思います。

⑤ホームページの作成

事業の中身と形態が決まれば、名刺をはじめ様々な仕事に関する備品や資料を準備すると思いますが、中でもホームページは大事なものなので、自分の思いを表現できる良いものを作ってください。

ホームページは会社の名刺ですし、最大の販促ツールだと思います。創業時は社員も少ないかと思いますので、24時間勤務の忠実なる「営業マン」と位置づけられたら良いと思います。

これから起業される方で「インターネット」も「ホームページ」もやらないという

選択肢はありません。今は何でもネットで検索する時代です。これは大事な事なので、第三章の「事例」の中にも詳しく述べられておりますし、セーフティーネット（受け皿）として最後のまとめにも掲載させて頂きましたが、弊社でも、シニア向けに特化した「創業塾」と「ホームページ」を特別に用意いたしました。

⑥商工会に入ろう

事業体の形が出来上がったら、地元の商工会に入ることをおすすめ致します。今までその存在は知っていても、中を知る方は意外と少ないのではないでしょうか？

ここは創業して間もない、人脈や情報のネットワークの乏しい起業家にとってはビジネスの萬相談所とでも言うような、便利で、ありがたい組織です（月に千円で事業者なら誰でも会員になれます）。

ここで商工会の説明をしましょう。

商工会は、商業、工業、建設業の会社や個人事業者などが集まって、組織されている一種の組合です。各市町村に必ず設置されていて、規模の大きなところは「商工会議所」、小さなところは「商工会」と呼ばれています。専属の職員が常駐しており、経営に関する様々な相談を受け付けています（もちろん相談料は無料です）。

起業に関しても、どのような手続きが必要か、資金はどう調達すればよいのか、あるいは補助金、助成金、創業塾からセミナー、経理処理から税務申告まで窓口でいつでも相談に応じてもらえます。

細かなことでも個別に相談に乗ってもらえるので、気軽に利用してみてはいかがでしょうか？　これから事業を始められる方には、力強い味方になってもらえます。

2．仲間と組んでやる

自分ひとりでやるのではなく、仲間と一緒に起業する方法ですが、この場合の組み合わせは、業種にもよりますが、お互いが補完できる関係が良いと思います。

たとえば、営業と管理、あるいは特殊技能者と経営など……。この時お互いが相手の専門性を認め合える（尊敬できる）事が大事になります。古くは創業時のホンダやソニーがこの良い例ではないでしょうか？

同質の仲良しコンビで事業を成功させた例を私はそう多くは知りません。

仕事を始めるまでのステップは、個人であろうと仲間とやろうと前述の①～⑥は同じだと思います。この組み合わせの強みは、良好な関係が継続できれば、専門家同士なので仕事の効率がよく、スピードが速いという事です。

弱点というか危険性はどちらかが、会社を去った場合の影響度が大きい事です。

第三章で、仲間と組んでやった事業で成功した事例も出てきますのでご覧ください。

3．資格を取って仕事をする

日本には国家試験から民間のモノまでたくさんの資格が存在します。

この資格の種類や内容、それに実際に資格を取って成功されている体験談（事例）も第三章で多数掲載しておりますので、そちらをご覧ください。

ここで〝原忠男とは一体どんな男？〟と疑問に思われる方もあるかと思いますので、次章、「私の履歴書」という形で、生い立ちから、どんな仕事をしてきたのか赤裸々にご紹介したいと思います。

ビジネスとは無関係に脱線する箇所や、自慢話めいた箇所もあろうかと思いますが、どうか寛大な気持ちでお読み頂ければ幸いです。何故私が、シニアの方々に独立して仕事をしましょう！　とすすめるのか、多少ご理解頂けるかもしれません。

ステップを踏みながら、事例も加えご説明したいと思います。

第二章　働くことを学んだ「私の履歴書」

1. 生い立ち

私は1944年4月13日、満州の新京（現・長春）で生を受けました。そしてその年の9月に日本に引き上げてきました。もし終戦後に引き上げて来たら、混乱に巻き込まれて、ひょっとして「大地の子」になっていたかもしれませんでした。

引き上げて来て、一家は静岡県の熱海に居を構えました。一家といっても、父はこの戦争で戦死し、母と私は熱海の祖父母の所に身を寄せました。母は一家を養うために単身東京に働きに出ました。

母とは離れて住んでいたため、あまり一緒の思い出はないのですが、一度だけ東京に母を訪ねて行き、祖母と母と私で五七五の言葉遊びをしました。それぞれが他人に見せずに上、中、下の文字を書いて繋げる遊びです（俳句のようなもの）。その時、私は小学校の二年生でした。

私が上の句に「赤々と」、次に祖母が「朝日が昇る」、そして最後に母が「身の疲れ」と書いて繋げて開くと、「赤々と朝日が昇る身の疲れ」と言う句が出来上がりました。

その時、私は知らされていませんでしたが、母は病気に犯されていたのです。それから約半年後、母は亡くなりました。

何故か、私はまだ小さかったのにその句を覚えていました。

父、母、共に一人っ子で、私も一人っ子の為、私には兄弟も従兄弟もいませんでした。両親との縁は薄かった私ですが、祖父母に愛情一杯に育てられ、貧乏でしたが幸せな日々を過ごす事ができました。幼稚園、小学校、中学校、高校は熱海の自宅から通いました。この時の仲間たちとは今でも、同窓会で会っては昔話に花を咲かせています。裸で付き合える、かけがいのない友人達です。

大学は東京に出たので熱海を離れました。田舎の男子高校から東京の大学へ。そこは共学、入学した最初の日にキャンパスに、女子学生が明るい私服で春の陽ざしを浴び、笑顔を振りまきながら歩く様が、まるで熱帯魚を見ているような別世界のように感じました。

大学では勉強はさておき、スポーツ系のクラブ活動と友人達との交流を楽しみました。四年生になり、あまり勉強はしてこなかった私ですが、人並みに就職試験の勉強をしようと本屋へ行って「傾向と対策」の本を買ってきました。この何の気なしに買った本が今後の私の進路に大きく関わることになります。

実は私が買った本は、その年度の1年前のものだったのです。後で気がつきましたが、もういくつか中に書き込んでしまった後だったので、そのまま使用しました。すると中の問題で英語でしたが、ものすごく難しい問題が有り、私は1つも出来ませんでした。私はこんな問題が出たらお手上げだと思い、英語の苦手だった私は、その箇所を丸暗記しました。

そして何日か後に就職希望先のB社の試験を受けることになりました。するとどうしたことでしょう、あの暗記した英語の問題がそっくり出たのです。

私はこの世にこんなことがあるのかとびっくりいたしました。間違った年度の本を買ってしまい後悔しましたが、結果は大正解。試験問題を作る方もまさか1年前のものまで勉強してくる学生はいないと思ったのでしょうか？

このおかげで他の70名の学卒と共に無事B社に入ることができました。この英語の試験の結果がきっかけで、その後、私の進路が英語に関係する方向に進んでいくようになります。

2. B社勤務

東京・神田にある電卓メーカー兼販売会社B社に入社したのは1968年4月でした。最初に配属されたのは第一営業部、首都圏の国内営業です。扱う商品は電卓並びに小型コンピューターでした。

新人は皆飛び込み営業で片端から、担当のエリアを回っていました。

営業部で2年目を迎えたある日、ヘッドハンティングでスカウトされた新しい部長が着任しました。その着任の第一声のスピーチで、「これからのビジネスマンの3要素は英語と数学とコンピューターだ、君たちは居ながらにして数学とコンピューターの勉強は出来るのだから、英語を勉強しろ！」と言われました。

私はそれを聞いて、そうだな〜私は文系だけど英語もできないので、英語を習いにいこうと決意し、会社が終わってから、英会話の学校に通い始めました。

おかしなもので、営業部にいて皆と一緒に飲んだり、麻雀をやったりしている時には、通りを歩いても目に入るのは、飲み屋と雀荘の看板ばかりでしたが、英語を習い始めると同じ通りを歩いていても、目に映るのは英語の学校の看板ばかり。神田はなんて語学学校が多いんだと。そして意識が変わると目に映るものまでがこうも変わるのかと我ながらびっくりいたしました。

それから約半年ほど経った時、海外での売り上げが急伸しました。輸出部のスタッフを増やすため、営業部より若手を輸出部に抜擢する話が出ました。

そしてその白羽の矢が私に来たのです。役員面談で、なぜ選ばれたのかの説明が有り、もちろん営業部で商品知識や売り込みの経験が有ることも評価されたようですが、最後に言われた2点に私はびっくりしました。

それは、入社時の英語の試験が出来たからとの事。

もう1つは会社が終わってから、自費で英語を習っている事を挙げられました。

前者は、たまたま入試の問題が知っている所が出た全くの偶然で、英語を習っているのも事実ではありますが、部長の訓示でたまたま習いに行っただけで、私自身は特に英語が出来るわけでも、好きなわけでもありませんでした。役員にはその事を正直に話しました。でもそんな釈明には気にもとめられず、決定は覆りませんでした。

その時、私は人生って、妙な事で変わっていくのだな~と感じいりました。

こうして私は輸出部の一員として配属され、それ以降、英語と海外ビジネスの世界へと入っていきました。配属されたとはいえ、もともと英語ができた訳ではないので、それから英語と貿易実務の学習と習得に励みました。

まず英語は、商業文なので上手くなくても良いので、間違わない文章を書こうと思い、中学と高校のグラマー（文法）の本を引っ張り出して、例題を片端から覚えました。貿易実務は当時有名だった、石田貞夫先生の本で勉強しました。貿易実務はすぐに覚えましたが、英語の方は本当に苦労いたしました。とにかく海外ビジネスは英語を読んで書けなければ話になりません。

私の担当はヨーロッパになりました。連日数カ国より注文や問い合わせ等が商業文やテレックスで入ります。私はその時、こう決意しました。

文章は下手でも、その日に来たものはその日に返事を書いて出そうと。当時他のスタッフは、英文科や外語大卒の人が多く、語学で困っているようにも見えませんでした。彼らと伍していくにはスピードしかないと思っての決意です。

そうこうしているうちに客先から、社長宛に「今度の担当者はクイックレスポンスで良い」というような連絡が入り、その事で初めて上司から褒められ、少しずつ海外ビジネスに慣れていきました。

ヨーロッパ出張中に英国の代理店を訪問した時、そこの社長がホテルでなく、自分の家に泊れと言ってくれ、お世話になりました。そして会話中に突然こんなことを言われました。

「お前の英語はアメリカン・イングリッシュだ、覚えるなら正当なクイーンズ・イングリッシュを覚えろ！」と。ところが私は、アメリカンもクイーンズもその区別が全く分からず困りました。

その後、ヨーロッパの展示会や代理店周りなどをこなしながら、ヨーロッパの歴史や文化に接し、なぜファッションがヨーロッパから発信されるのか、理由がわかったような気がしました。何故ならば「ファッションは歴史と文化をバックに生まれるものだ」と言う事が理解できたからです。

国際ビジネスに興味を持ち、雄飛しかかった時に実家から電話が入りました。

「祖父が倒れた」と。

急いで実家に帰り、祖父を見舞いました。何とか一命はとりとめましたが、祖母も弱気になっており、「熱海に帰って来られないか？」との事。私にとっての祖父母は親代わりというより、親そのものでしたので、選択の余地はありませんでした。

会社や友人、知人に惜しまれつつ、約5年間務めた会社（東京）を離れて郷里の熱海に戻る事にしました。私は田舎に行けば、もう貿易とか海外ビジネスとは縁がなくなるだろうなと思っていましたが、友人の奥さんが、〝原さんの事だから又、東京に戻ってくるわよ！〟と言っていたのが妙に耳に残りました。

そして、東京を引き払い、熱海に戻りました。

さあ、そこから職探しですが、観光地のため、旅館やホテル以外は市役所か地元の信用金庫ぐらいしか思い浮かびませんでした。

そんな中、中学の同級生の山田君が、「原君、熱海に戻るならY社に入らないか？」と声をかけてくれました。地元では有名な八百屋でその頃はスーパーになっていました。そこで願書を送ることにいたしました。

3．Y社勤務

①店舗勤務

１９７３年、Y社の面接を受けるべく指定された場所に行くと、ちょうどその日は新店のパート社員の採用の面接の日でもありました。しばらく待っていると社員の方が来て、担当役員が海外出張なので帰ってから改めて面接をするので、自宅で待機して欲しいとの事でした。

数日後に会社より手紙が届きました。面接の日程かと思い封を開けると中に「合格通知」が入っていました。筆記試験も面接も何もしないで、合格通知とは随分面白い会社だな〜と正直思いました。

でも当時は、「首から下が丈夫なら誰でもいい」というような風潮があった事も事実です。いわゆる人手不足時代です。そこで、私は熱海店の食品売り場の店員として採用されました。

当時、地元熱海ではY社を揶揄して、次のようなざれ歌が歌われていました。「Y社の女子社員は嫁に貰え、男子社員には嫁にやるな！」と。これはY社の女子社員は明るく良く働き、親孝行で地元では評判だったからです。一方男は朝出て行ったら暗くなるまで店で働いて帰ってこないから、のようです。とにかく社員教育をきちんとしていたようで、地元での評判はすこぶる良いものでした。

しかし実際に働いてみると、これが結構ハードで大変でした。

今まではどちらかというとスマートな仕事（国際ビジネスを展開）していたのが、

今度はスーパーの食品売り場で朝から晩まで品出しと、値付け貼り、忙しい時にはレジ打ちまで駆り出されるしまつでした。でも仕事はきつかったけれど、仲間も若い人が多く、皆いい人ばかりですぐに仲良くなれました。

勤め始めて半年ほど経ったある日、店長が今日は社長面接があるから、原君も受けるようにとの連絡がありました。当時は1年以上の正社員は皆社長面接を受けていた様でした。

私は初めてでよくわかりませんでしたので、ぶっつけ本番で望むと、社長が「原君は外部から来たので、Y社の欠点がよくわかるでしょう！　その欠点を言ってくれ」と言われ、びっくりいたしました。何処の馬の骨ともわからない20代の男に向かって、自社の欠点を言ってくれなんていう社長がどこにいます。

私はこの一言で、この社長はすごい人だな、と思うと同時に、この会社は必ず伸びるだろうと確信しました。私は、「早く仕事を覚えて一人前になってくれ！」とでも言われるのかなと思っていたら真逆の事を言われてホントに驚きました。

私はこの店に2年ほどいましたが、そこで、社員が皆仲が良い事と、人の話をよく聞いてくれる事、そして皆さん、話が上手という事を感じました。地方のスーパーでしたが、学歴とは違うその人間としての民度の高さに驚かされました。

多分それは社員教育の賜物だと思います。社員教育はビジネスのハウツーものではなく、「感謝と報恩」や「親孝行」といった人間の根幹に関わる精神面の教育でした。

店の勤務も1年が過ぎたある日。人事担当者が来て、Y社もこれから海外に出ていくので全社で英語の勉強をする事になった。ついては熱海店では原君が先生になって皆に英語を教えて欲しいとの事。私はびっくりして、とてもじゃないけど私は英語ができず逆に習いたいぐらいです、と言いましたが聞く耳を持たず、とにかく始めてくれと。その時自分の英語力がどれほどあるのか全く分からず、英検の試験を受けてその程度を初めて認識いたしました。そして、熱海店で毎朝皆で英語のレッスンがスタートいたしました。

そんなある日、店長から「常務が原君に会いに来られるので来られたら会うように」と連絡を受けました。偉い人が一体私に何の用だろうと？　とんと検討もつきませんでした。

常務がこられて面談すると、「会社もこれから積極的に海外進出をしていく、そのため、海外に出る店舗に日本商品を供給する商社を東京に作りたい。君は海外や貿易の経験があるそうだから、是非そのメンバーに入ってくれ」との事でした（お家がだんだん遠くなる！）。

私は正直に東京から地元に戻り、Y社に入った経緯が親の面倒を見る為と申し上げました。するとそれはわかるが、君の将来を考えたらどうか？　と言われ、最後は会社の指示に従います、と答えました。

家に帰り、祖父母に「東京で貿易の仕事をやる事になりそうだ」と話しましたが、2人は何も言いませんでした。以前にB社で海外や貿易の仕事をやっていたのをやめさせて、熱海に戻した後ろめたさもあったのかもしれませんし、あるいは私の将来の事を考えたのでしょう。

そうして私はまた東京に戻って、会社は違っても貿易の仕事に返り咲きました。

②商事部（W社）勤務

そこはY社の100％子会社でW社といいオフィスは日本橋にありました。

私の担当は、衣・食・住、の中で住にあたる「家庭用品」のシンガポール向けの輸出担当でした。貿易の実務はわかっていましたし、輸出先のシンガポールの担当部長も日本人で私の良き友人でもあったので、コミュニケーションの問題もなく、スムーズに業務に溶け込む事が出来ました。

業務の内容は、現地のバイヤーから来る注文を日本の仕入先に注文して、集荷してからまとめてコンテナーで輸出することです。その他では、年に定期的に現地よりバイヤー数人が日本に買い付けに来るので、それのスケジューリングや同行しての通訳兼商談を仕入先と行なう事でした。

全国の仕入先をバイヤーと一緒に回るのは楽しいものでした。仕入先もわざわざシンガポールから買い付けに来てくれたという事で、どこでも歓待してくれました。バイヤーも初めての来日の人は興味津々で、日本での滞在をエンジョイしていました。

ある時、商談の帰りに御殿場の近くを車で通ったので、富士の裾野で「雪」を見せ触らせました。彼らは初めて見る雪に大興奮で写真に撮ったり、肌につけたり、大騒ぎでした。

彼らは帰国してからも仲間にそのことを話したようで、次に来るバイヤーが私のところに来て、「〝ゴタンバ〟に連れて行ってくれ」と懇願するわけです。〝ゴタンバ〟の意味が分からず、「どこだ」と聞くと、「雪のある所だ」と。「あ、それは御殿場ね！

だけど今は夏なので雪はないの」というとがっかりしていました。

他に彼らが喜んだのは温泉です。

逆に彼らが驚いて座り込んだのが「地震」でした。日本人は僅かな揺れにはあまり反応しませんが、地震のない国の彼らは、僅かな揺れにもびっくりして、座り込んでしまいます（地面が揺れていると言って）。

商品ついては、日本から送った商品は良く売れました。品質がよいのと当時は競合もないせいもありました。

日本食に関しては、現地のみならず近隣諸国の日本人もシンガポールに来るとY社の店に来て食材を山ほど買っていきました。ちょうど、現在の中国人がツアーで日本に来て、「爆買」をしているあんな感じでした。

そんな貿易の仕事をやって2年目ぐらいでしたでしょうか、先の常務が私に話があると、そして「今度は、ＵＳＡに行ってくれ！　期間は1年でいい」との事でした。

その話があった前年に祖父が亡くなり、祖母が一人で実家にいました。家でその話をすると1年なら家で待っていると言います。でもその時、私は多少の覚悟はしました。海外赴任で1年ではろくな仕事もできず、期限は伸びるだろうと。

もう1つ問題は、その時私は30歳を過ぎていましたが、まだ独身でした。会社の内規で海外赴任者は妻帯者に限るとありました。それは創業者でもある「おしん」の思いでもありました。それで赴任前に見合いをして結婚し、赴任の準備を進めましたが、会社から特に何をして来いとの指示もないままの辞令でした。

赴任前に社長に挨拶に行った時、会社として私に「USAで何をしたらよいですか？」とお聞きした所、「将来お店（スーパーマーケット）が出来たらいいね！」と言われました。

③USA勤務

1976年8月USAのロスアンジェルスに赴任いたしました。

会社とオフィスは用意されていましたが、スタッフもいなく、まさに絵に書いたような「ワンマンオフィス」でした。まず手掛けたのが運転免許の取得と夜、英会話の学校に通うことでした。

仕事は、USA商品を日本の親会社に買ってもらおうと、売り込みをかけたのですが反応がイマイチで前に進みません。理由を聞くと以前に、USAから「玉ネギ」を輸入して、コンテナーを開けたら芽が出ていたとか、衣料品を輸入したら、サイズが合わず、「猿の惑星が着るのか？」等揶揄されたようで、それ以来バイヤーは海外物を扱うのに躊躇しておりました（40年も前の話です）。

そこで私はもう日本には頼まない。私が日本商品をアメリカで売ってやる、と決めました。

そんな時、日経流通新聞（現・ＭＪ）に静岡の「サンダル組合」が「ロスアンジェルスに駐在員事務所を開いて、ＵＳＡマーケットにサンダルを拡販したい」と出ていました。その記事を読んで私はすぐに日本に連絡し、サンダル組合とのアポイントと、かつての上司と役員に同行をお願いし、静岡の「サンダル組合」まで直談判しに行きました。そこで、「私が代わりにサンダルを売るからＵＳＡ市場を任せて欲しい」とお願いしました。

すると組合側では、新聞発表はしたけれど、派遣する人もなく困っていたと、Ｙ社でやってくれればそれに越したことはないとの事。そこで私はひとつの条件を出しました。私は履物の知識がないので、先ずは、ロスアンジェルスの履物の展示会に出品したい。その商品は組合で出して欲しい。現地のことはこちらで全てやるからというと、お安い御用と話はまとまりました。

そして現地のコンベンションホールで開かれた履物の展示会に「静岡サンダル」が出品されました。これは昔から私の持論ですが、海外でモノを売るのに一番良い方法は「展示会」に出ることです。

その出た結果は散々なものでした。理由は紳士ものばかりだった為、日本人向けの「ダン広、甲高」で外国人向けでなかったのと、デザインが全くマッチしていませんでした。所謂、「ダサイ」感じでした。

ほぼ全滅な感じの商品の中で、私が妙にひっかかる1つの商品がありました。それはイボイボのある「健康サンダル」でした。この商品をメインにビジネスをスタートさせることにしました。

最初は近場のスーパー・マーケットやドラッグストアーで。そこで売れ出し、ベンダーも取り扱うようになり、カリフォルニアのみならずニューヨークのあるイーストコーストでまで売れるようになりました。

また他では、知り合いの日本企業が日本食卸をやっており、日本の売れ筋商品を紹介して欲しいとの事。私が日本から日本食を輸入して、知人が卸売をするアライアンスの仕組みができました。餅は餅屋で、売上はまたたく間に伸びていきました。

そんな商社活動をしていたある日、ロスアンジェルスとサンフランシスコの中間の都市フレスノの日系人の方から、Y社と組んで「日本食のスーパー・マーケット」をやりたいという情報が入ってきました。

本社に連絡し、打ち合わせを重ねた結果、GOのサインが出て、フレスノでY社としては初めての「日系スーパー」が7名の日本人スタッフによって誕生いたしました。これは今後のUSAでの展開を考えたパイロットストアーという位置づけでもありました。

次に私が手がけたのは、ロスアンジェルスに出店すべく土地の確保です。日本人街の一角に手頃の土地を見つけ、買収交渉に入りました。

その頃には私も赴任し2年が過ぎようとしていました。気にはなっていましたが、実家の祖母より時々電話があり、「いつ帰ってくるの?」との事。仕事は忙しくなってきましたが、もう祖母の事を考えると駐在も限界かと思い、担当役員に、手紙を書きました。内容は「待つ事と祈ることしかできない祖母を1人、これ以上待たせてお けないので、日本に返して欲しい」と。

するとその役員は何と役員会で私の手紙を読んだそうです。役員会で出た結論は、私を日本に返すことではなく、何と祖母にアメリカに一緒に赴任してもらうという事でした。

私はびっくりしましたが、言われた祖母はもっとびっくりした事と思います。外国に行った事もなければ飛行機にも乗った事のない祖母がよく了承したものだと私も驚きました。そして熱海在住の人事担当役員が自宅まで祖母を迎えに行き、同じ飛行機でロスアンジェルスまで連れてきてくれました。これには私も心底ありがたく、思わず日本に向かって手を合わせました。

こうして思いがけず、親子孫も一緒にＵＳＡで暮らすことができました。気持ち的に解放された一瞬でした。他の会社では絶対にありえない事だと思い、社長や役員の方に深く感謝いたしました。

３年が過ぎた頃には、スーパーの店舗も出来始め、私の後任も赴任してきました。思えば最初に来た時には人も仕事も何もなかったような状態が、帰る頃には人も店舗も仕事も増えて活況を極めており、ゼロからでも前を向いてやっていけば道は開けるものなんだなと実感いたしました。もちろんそれは私１人がやった事ではなく、多くの協力者がいたから出来たことです。

私はこの駐在で、上司も組織もない中、全て1人で決めて1人で実行して結果を出していく事で、自立心ができたような気がしました。貴重な体験をさせて頂きました。

この滞在中2人の娘にも恵まれ、アメリカのパスポートも発行され、お前たちはMade in USAだよと言った事を思い出します。

④商事部（W社）勤務

1980年4月に、以前いた部署に今度は責任者として着任いたしました。

この会社も海外店舗の急激な増加で、取引額もスタッフ数も大きく伸びておりました。スタッフは若手に様変わりしており、私も36歳の若さでしたので、管理者というより、兄貴分という感じでスタッフと接しておりました。

仕事は以前と同じ、グループの海外店舗への日本商品の輸出でした。業務の傍ら、私は、スタッフが若く、貿易もビジネスも経験の浅い人が多かったので、様々な人材育成のセミナーにも行ってもらいました。

その中で全員の受講を勧めたのが、私も以前学んだ、石田貞夫先生の「貿易実務」

でした。たしか1週間の合宿授業で大学1年分を学ぶものです。系統だてて学べるので、これはスタッフにも大変好評で感謝もされました。

他には、バイヤーに買い付けに来てもらうばかりでなく、積極的に商談ツアーを企画して、こちらから業者と一緒になって海外に売り込みにも行きました。業者の担当者は海外に行けて、注文がもらえるので、ものすごく積極的に参加してくれました。

様々な業者の方がこの商談ツアーに参加されましたが、ある地方のメーカーの社長さんがシンガポールで商談のあと、自分の商品が売り場に並んでいる前で、じっと動かず立ちすくんでいました。わけを聞くと、「田舎で作った商品がこうして海を渡って外国のデパートで売られている」と感激されていました。

私がカメラを持っていたので、「社長そこで写真を撮りましょう!」といって自社商品をバックにその社長を写真に収めました。後日、その社長を訪ねた時、その時の写真が社長室に飾られており、なにか私まで嬉しくなり、ああ写真を撮っておいて良かったなあと思いました。

このW社はY社のグループ内でも比較的人気の部署で、多くの若手が自薦他薦で私のところに挨拶に来ておりました。海外への人材育成基地的なことも有り、私も出来る限り希望に添うように来てもらいました。もちろん彼らが希望するのは海外に近い（登竜門）ということが1番でしょうが、それ以外に、場所が東京で、治外法権的に若手ばかりで自由に仕事ができるという事が魅力のようでした。

本社からも特に難しい指示もなく、私も自由にマネージメントができました。

ある時、新しいスタッフが入ってきましたが、非常に積極的な性格なので、彼には皆と同じグループへの輸出ではなく、会社の将来を考えて輸入をやってもらいました。販売先は、親会社でもいいし、外部でもいいからと。会社も輸出と輸入の両方をやることにより為替も含めて多少バランス面もよくなりました。私自身もちょっと外向けに活動もしました。

ＵＳＡ駐在時代に「健康サンダル」を売っていましたが、そこの社長が私の所に来て、他の国にも売りたいのですが、ヨーロッパにはルートがありませんか？　との事。今はないけど作りましょうか、という事でドイツのミュンヘンで「美容と健康の展示会」があることが分かり、それに出ようとメーカーの社長に言うと、「いきなり現地に行っても難しいでしょう」と言って乗り気薄でした。

そこで私が、じゃあ私が行くから展示する商品だけ出して下さい、とお願いし、準備を進めていました。出発する1週間ほど前になって、その社長から電話が入り、「うちの商品を売るのに原さんだけに行ってもらうのでは申し訳ない」という事で私と一緒に行くことになりました。でも社長はうまくいくとは思っていなかったようです。

しかし私はうまくいく確信がありました。

その展示会は大成功で、無事ヨーロッパの数カ国と代理店契約ができました。社長は大喜びで、その夜は通訳の女性も含めて、サンプルを売ったお金でミュンヘンのビールを飲みながらドンチャン騒ぎをいたしました。

その酔った勢いで、会社の方に結果を半分ふざけてテレックスで知らせました。その文面は、「我、ヨーロッパの代理店設立に成功セリ!トラ・トラ・トラ」と。すると、受け取ったスタッフが何とそのテレックスをよせば良いのに本社の役員の所に持っていったそうです。

ちょうどその翌日はY社の全社員大会で、その会場でその文面を読み上げたそうです。後で聞いて、私はびっくりするやら恥ずかしいやら、正直困惑しました。

全社員大会をすっとばし、グループと関係ないヨーロッパまで行って、勝手に展示会に出て、代理店を決めてきた事に、何かお咎めがあるかと思いましたが、結局何事も起こりませんでした。私が若く、自由な立ち振る舞いを見た取引先の社長が「原さんは熱海の出身だそうですが、和田さんのご親戚ですか？」とよく言われもしました。

そんな私ですが、ある時、神田税務署と大喧嘩しました。理由は、決算後の税務調査が入った時に、当時急激な円高で、海外店舗が日本からの輸入商品が値上がりし、悲鳴を上げていたので少しでも助けようと、販売促進協力金か何かの名目で７００万円ほどシンガポールに送金しました。それを税務署が見つけて、グループ内の利益操作だと言って経費で認めず、課税するとの事。いくら事情を説明しても契約書もないし、経費として一切認められないと、強硬な姿勢でした。

本社の役員に話しても、国税局から来ている顧問を紹介され、そちらと話しても「それは難しいでしょう」とのこと。全く役に立たない顧問なら解約してしまえ、と本当にその時は思いました。

どうしても納得できないので、今度は税務署長に直談判に行きました。相手は50代でしたでしょうか、こちらは30代の後半、税務知識はゼロですが元気だけは負けないので、事の経緯を細かく説明しました。そして署長がやおら口を開くと、「原さん、話が平行線なので折半にしませんか？」との事、私は一瞬、ポカーンとしてしまいました。裁判所とか税務署は白か黒か、はっきりさせると所かと思っていましたので、そんな折衷案が出てくるとは思わず驚きました。

もちろん私もそれで了解し、３５０万円は無税、残り３５０万円が課税。帰社して経理のマネージャーや親会社の役員に結果を話すと、よく半額にしてくれたと驚いていました。顧問には連絡しませんでした。私は満足していませんでしたが、まあしょうがないかな、と自分自身を納得させました。

この会社で若い仲間と一緒に自由奔放にやって8年が過ぎようとする頃、大きなプロジェクトがY社グループで持ち上がり、その現地代表に私が指名されました。そこで私が七転八倒する事になります。

⑤シンガポール勤務

１９８９年8月、シンガポールに赴任いたしました。

仕事は「国際卸売りセンター」（通称ＩＭＭ）の Managing Director として、その設立から携わりました。これはY社とシンガポール政府の合弁会社で、規模は建物面積で17万平米（５万坪）もある巨大プロジェクトです。キャッチフレーズは、「世界の商品を集めて世界に売る！」という勇ましいものでした。

しかしこのプロジェクトはスタートから困難を極めました。とにかく土地の用途が商業利用を認められず、卸売のみ。Y社は日本でも卸売業はやったことがなく、経験者もいません。普通は日本でやっていることを海外でやりますが、Y社は日本でやってない事でも平気で海外でやります。それも今回はとてつもない規模で……。

日本をはじめ、東南アジアの国々を回ってテナント集めをし、それを会員制 Cash & Carry で運営しようとしたのですが、テナント集めも全体の仕組みも、うまく機能しませんでした。

テナントがそんな状態ですから、バイヤーもほとんど来ません。館内を歩いても聞こえるのは自分の足音だけ、というような閑散とした状況でした。日本から視察に来た役員もそれを見て、「背中が凍りついた」と言っていました。規模が大きい分、閑散とした時のその空間が恐ろしく感じました。

その時私は、本当にこのままでは「生きて日本には帰れないな」と思いました。

当初の構想通りにはいかない事がわかった段階で、私は別の方法を探るべく、トップに「3カ月間、私の思うようにやらせてください」と直談判し許可をもらいました。

それから私は、せっかく作ったシステムも全て廃棄して、新しいコンセプトにあった売り場作りをスタートさせました。組織は従来の縦型から、横型にして、下の人でも自由に意見の言える体制にしました。新しいことをやる場合に、従来の経験とか肩書きが全く役立たないことを、その時私は嫌というほど感じましたので、まず組織から変えました。

次に、ＩＭＭの「棚卸」です。まずはＩＭＭの長所を全員で書き出しました。すると出る事、出る事、たくさんの長所が出てきました。

例えば、売り場が広い、駐車場が広く無料、エアコン完備、倉庫やイベントホールが完備されている、レストランや銀行等のサービスエリアが充実している、卸売りセンターなので家賃が安い等、たくさん出てきたそれらの長所を確認していくと社員の顔にも自信めいたものが出てきました。

次に売り場をどう活用するか、経営の根幹の部分です。ここでもシンガポールという国と市場を徹底的に調査というか棚卸しました。すると様々なことが分かってきました。

先ず、シンガポールはマレーシアとインドネシアに挟まれた国で、その両国とも木材の産出国で家具をたくさん作っており、その集積地がシンガポールだったことがわかりました。そこで家具組合に出かけて行き、ショールームとしてＩＭＭの広大な売り場を使わないかと提案しました。

今まで組合は街外れの家賃の安い小さな多層階のビルにショールームを構えていました。彼らの夢は「ワンフロアー」の大きなショールームでした。ＩＭＭのフロアーはぴったりだったのです。話はトントン拍子で進み、家具組合が最大のテナントとして入居しました。

次に、政府は国民に持ち家を奨励しており、日本でいう公団をたくさん建てていました。ところが日本と違うのは、販売する時には内

装を施さないコンクリートを打ちっぱなしの状態で売るのです。買った人が床や天井カーペットやカーテン等を用意しなければなりません。そこで現在それらの業者はどうしているかと調べてみると、個々に路面店で商売をしていました。

そこで私は家の内装の揃うこれらの業者を、すべてＩＭＭに誘致する事にし、担当者に指示しました。すると、今まで路面の空調のない、必ずしも綺麗とは言えない店で個々に商売をやっていた業者が、空調の効いた綺麗なＩＭＭに１００店ほど集まってきました。

そしてこの売り場を「インテリア　デザインセンター」と名づけました。家具センターに次ぐコンセプトを持った売り場になりました。今までバラバラだったインテリアのお店の商品が一箇所で買えるので、バイヤーの数は一気に増えました。テナントさんもこれには大喜びです。

私はここに来るお客さんを見ていると、若いカップルが多いのが目につきました。これは彼らが、結婚するとすぐ家を買うためです。家を買えば、当然内装需要があり、それが終われば家具を買うわけです。

そこで私は、結婚関連のブライダルの店の集合体を作ろうと、社内で提案しました。

ところがこれは大反対されました。それでブライダル関係の業者の方の何人かに聞いても同じく反対されました。理由の1つは、人生1度のことを皆で取り合いするので仲が悪いとの事。もう1つは、各業者のグレードがまちまちで、高級品店から安物店まで混在しているから一緒にできないと。確かにシンガポールだけでなく、日本でもデパートやショッピングセンターではブライダルショップは競合させずに、ひとつのデパートにひとつのブライダルショップになっています。

でも私は、それは内輪の論理で、お客様は一箇所にたくさん集まっていた方が選びやすくていいのではないかと思い、ブライダルセンターの設置を決断いたしました。仲間私も皆に反対されたため、自分でも随分テナント誘致に出かけて交渉しました。仲間同士の仲が悪いことは大した問題ではないこともわかりましたし、逆に彼らの悩みは、路面店は「雨が降ると車まで行くのに花嫁衣裳が濡れる」ことだと知る事も出来ました。IMMでは駐車場から売り場までそのまま車で入ることも出来、これが大きなメリットと理解されました。それとなんといっても集積する事での、相乗効果による集客力のアップです。このことを説明すると皆さんこぞって入居してくれました。

ここに綺麗で華やかな「ブライダルセンター」が完成いたしました。

ちょうど、そのオープニング・セレモニーをやっている時に、かつて創業時に日本から来た事のある役員が、その隔世の感がある売り場の華やかさとテナントの入居状況を見て、「原君の勝利だね！」と言ってもらった事が妙に印象に残りました。このブライダルセンターはシンガポールのブライダル市場の40％を超えるまでに成長しました。

ＩＭＭには店舗＋オフィスを合わせて３７０のテナントが入居しましたが、オフィスエリアでは、「国連の連絡事務所」や米国最大の小売業の「ウォールマート」も買い付け事務所として入居してもらいました。３７０店のテナントという事は、その約10倍の企業と出店交渉をしたという事です。

自分で言うのも何ですが、大変な作業でした。

私はその成功で、社員やテナントさんのために何か出来ないか考え、ＩＭＭ＆テナントの合同パーティー「ＩＭＭナイト」を開くことに致しました。実行委員のメンバーを決めると、彼らが予算はいくらか？　の質問があったので、「青天井でいくらかかっても良いから思い切ってやれ」と言ったら皆びっくりしていました。

でも私はそんなにお金はかからない事は知っていました。パーティーで1番お金のかかるのは、ホテルなどの会場費です。ですがＩＭＭは自社物件で５Ｆのイベントホールを使用しますからタダです。舞台作りから照明販促物も全て自前で出来ますし、アルコール類もシンガポールはフリーポートで安く入り、なおかつ卸価格で購入が可能です。

あとは食事代ですが、これもテナントの５軒のレストランがこぞって協力してくれるので、全く安くできます。しかも、ＩＭＭの社員は無料ですが、テナントの社員は人数も多いので1人20ドルの有償としました。ですから豪華にやっても費用がそれほどかからず、皆が楽しめる本当に有益なＩＭＭナイトができました。

私の最後となる、このＩＭＭナイトでは、司会者が私に唄を歌えとのリクエストがありました。ちょうどほかの日本人の役員もいたので、３人で現地でも有名な「北国の春」を順番に歌うことにしました。最初に佐藤さんが1番を歌いましたが、彼は体調を崩し入院していて、その日に退院したばかりでした。彼が持ち前の美声で歌い始めた時、私はステージの前に出て壇上から、全参加者に彼を励ます意味もあり、手拍子を促しました。すると７００人ほどのすごい手拍子が揃い、歌を盛り上げました。

私が2番を歌い、3番は阿佐見さんでしたが、彼はバンドをやっていたせいか、やはり歌がうまく手拍子に合わせながら最後を上手にまとめきりました。

我々3人が歌い終わると皆、スタンディング・オベーションです。全参加者がひとつになった瞬間のような気がしました。自席に戻ると、近くのテナントのオーナー達がすごくよかったと褒めてくれました。

難しかった仕事も、テナント誘致の糸口を見つけ社員にも自信めいたものが見えてきました。その前後に私は彼らに、経営に関する数字の算出をさせてみました。IMMにかかる経費を教えて、有効賃貸面積を計算させ、賃貸の損益分岐点を出させる事でした。

それを頭に叩き込んで、次はテナントさんへの家賃決めです。それらをフロアー別、エリア別にわけて、それぞれ担当分けしてテナントさんとの交渉です。彼らも自分で計算した数字でテナントさんと交渉して次々に契約を更新していきました。もめて私が出て行くケースは一度もありませんでした。良心的な計算と、普段の我々の取り組む姿勢を彼らは見ていました。そして、IMMナイトのようなイベントを共同企画することで大家と店子の関係ではなく仲間という意識が出来上がっていたようでした。

このＯＪＴ教育が後日、社員達に最大限感謝される事になります。

１９９５年にシンガポール国の独立30周年記念のイベントを各国でやることが決まり、日本大使館より日系企業に協力や提案の通達が回りました。シンガポールには日本の一流商社や銀行、メーカーさんが目白押しなので、どこかが手を挙げるだろうと思っていましたが、どこも手を上げず、大使館も困って私のところに依頼が来ました。

Ｙ社のトップが、大相撲の間垣部屋の後援会長をしていたので、間垣部屋単独であれば、呼ぶこともできるかも知れないと答えると、是非話を進めて欲しいということで、東京で間垣親方にお願いすると二つ返事で了解してもらいました。そしてＩＭＭのイベントホールの中央部に本物の土俵を作り、のぼりや太鼓の備品も用意して雰囲気もつくり、本物の力士による相撲のイベントを実施いたしました。

これは会場を無料で開放したため、たくさんの人が集まり、稽古風景を間近に見て、その迫力にみな興奮しておりました。イベントのあとは表敬訪問。担当大臣や日本人学校、日本大使館、どこへ行ってもすごい歓迎ぶりで、連日のフィーバーが新聞やＴＶで取り上げられました。

最後の日の打ち上げは、ブラジル料理のレストランを貸り切り、社員と力士で飲み放題、食べ放題のどんちゃん騒ぎをいたしました。それも地元のＴＶでバッチリ放映されてしまいました。間垣親方や力士達もあまりの歓迎ぶりに、びっくりすると同時に大変喜んでおりました。

翌日、日本大使館からも丁重なお礼の電話をいただきました。この大使館とのご縁が後日、私があるトラブルに巻き込まれた時に役立つ事になります。

１９９７年になるとY社の噂がいろいろ出るようになりましたが、私にはどうすることもできませんでした。そして９月、会社更生法の申請という事で、我々の環境も大きく変わりました。合弁であったのと利益が出ていたため、ＩＭＭは即閉鎖ではありませんが、新しい株主が来るということで私は翌年日本に帰ることになります。

お別れに、親しいテナントのオーナーに挨拶に行くと、せっかくこんな立派なものを完成させたのに残念ですね！　と言われるので、私は「やり遂げた達成感はあるけれど、残念な気持ちはありません」と答えました。やろうと思えばまた、いつでも出来るからです。

そんな中、1人の中華レストランのオーナーとの送別会の席で、私にネクタイのプレゼントが紙袋に入ってありました。家に戻って袋を開けると、ネクタイの他に、現金が80万円ほどむき出しで輪ゴムで留めて中に転がっていました。これは、レジのお金か何かが袋にコロがり落ちたのだと思い、オーナーに間違いではないかと電話をしました。すると、「原さんには色々学ばせてもらった。その金は餞別なのでとっておいて欲しい」との事、私は金額が多すぎるからと躊躇しましたが、気持ちだから受け取って欲しいとのことで、有難く頂くことにいたしました。

テナントさんや社員の一連の行動に接して、人は行動をよく見ているのだな～ということを自覚しましたし、中国人のスケールの大きさにも驚かされました。まあそれもオーナーだから出来ることでしょうが……。

1998年10月1日、9年間、大勢のお世話になった方々に見送られてシンガポールを後にしました。

⑥日本への帰国

結局私はＹ社に1973年から1998年の25年間お世話になりました。

私はY社のグループ勤務中に、「会社の上場と倒産」の両方を経験する事になりました。それは上場による金銭的なメリットと、倒産による悲惨さの両方です。

シンガポールから帰国して、熱海の自宅に居を構えましたが、かつて所属した会社（Y社）はもうなく、収入の道もないので、先ず「失業保険」でも申請しようと思い、連絡してみると、何と海外に6カ月以上いた人は支給対象外との事でした。そんなことは何も知らず、教えてくれる人もいませんでした。子供も、高校生1人と大学生2人を抱えており、そのうち2人は海外にいましたので、正直ちょっと焦りました。

しかしその時、私はどこかに勤めようという気は全然起きませんでした。何人かの知り合いの社長から、「うちに来ないか？」と声もかけて頂きましたが、「お役に立てそうもないので」と言って丁重にお断りいたしました。

年齢（当時54歳）の事もありますし、今まで自分勝手に自由にやってきて、他の会社で果たして役に立つかどうかも疑問でしたので、そのような対応になったのだと思います。

そんな時、Y社時代の仲間の鈴木さんが、「あんたに助けてもらいたい会社があるのでどうか？」と打診されました。数人でやっている雑貨の企画会社との事。他に何も決めてなかったので、友人の案内で新宿までその会社を見に行きました。

若いスタッフ数人が雑貨類の企画と卸売をしていました。私が今まで経験したジャンルとは全く違ったものでしたが、友人の勧めもありその会社をテイクオーバーすることにしました。

4．I社の立ち上げ

1998年10月に私は100%自分の会社でやりたかったので、同じ社名の会社を立ち上げ、そこにスタッフに異動してもらいました。そして、和雑貨専門の新会社として、スタート致しました。私が新会社を作ったといっても、スタッフから見たら、社名も場所も一緒なので、会社に「新しい社長が入ってきた」というような感じではなかったでしょうか。

デザインとか感性の様なソフトを重んじる会社で、私のビジネス感覚とは若干違う部分もありましたが、旧会社から業務も途切れることなくスムーズに移行されました。

彼らも将来、自分たちの商品を売る店をやりたいとの希望があったので、3年目ぐらいから首都圏を中心に「和雑貨の専門店」を展開いたしました。最盛期は店舗数も十数店舗になり、売上もスタッフも徐々に増えて行きました。

それに伴い、資金需要が増して、私の個人のレベルを超えそうな金額になりましたので、取引先であり、知人でもあったN社に株式を売却しました。２００２年の暮れのことでした。

そのN社はいつか自分の店を持ちたく思っていたようで、十数店舗の我々の小売店に非常に興味を持っておりました。移行に関しては私の持ち株を全てN社に売却し、そっくり会社ごと引き受けてもらいました。移行に対して、社員や取引先にはほとんど問題はなかったのですが、私を信じて増資時に出資して下さった株主の方には本当に申し訳なく思いました。

もちろんお詫びも致しましたが、その方々がそれ以降も変わらずにお付き合いをさせて頂いている事に対して本当にありがたく思いました。

I社を始める前後に、東京商工会議所でベンチャー起業の社長対象に「創業塾」をやるという情報が入りました。私自身は、新規事業やマネージメントの経験は今迄、多少ありましたが、日本の最新の創業塾でどのようなことを教えるのか、興味がありましたのでそれに申し込みました。

結果、これが私にとって大正解でした。学問的には、事業計画の立て方とか、マーケティングからファイナンスまで色々学びましたが、理論と実践がこれほどマッチしたセミナーを私は初めての経験でした。そして私が一番ありがたかったのは、一緒に学んだ20数名のベンチャー起業の仲間との絆でした。

7割がインターネットに関する会社でしたが、今でも「蓼科会」という名のもとに相談事や情報交換等の親交を深めています。今では時々、逆に学んだ事や体験してきた事を新たな「創業塾」で体験談としてお話ししております。

5. E社の立ち上げ

私も今まで、国内・海外で数々の新規事業を、あるときは自分の意志で、ある時は依頼されてやってきまして、正直、失敗も成功もいろいろありました。そこで今後は、自分の経験を活かし、あまり人を使わず、お金もかけず、人に役立つ仕事をしたいと思うようになりました。

ただし、その根底には、「頑張っている人を応援したい！」という強い思いです。

そしてその柱は次の３つです。

①発明家のバックアップ

きっかけとなったのは、新宿にある（一社）発明学会でセミナーをやった時です。ここは「町の発明家」の人たちを束ねて、発明の推奨をしていました。私はここで販売の仕組みについてお話しいたしました。発明家の人たちは、アイディアを考え、発明は出来るのですが、その先の販売までつながっていかないようでした。

そこで私は２００３年３月にE社という会社を設立致しました。アイディアを持った人とそれを商品化するメーカーさんと販売する人を上手く繋げられたらと思いました。そして何人かの発明家の方の商品や自分で開発した商品を、インターネットで卸売や小売で販売をしております。

ネットショップはインターネットの勉強とビジネスの両方ができるので良いと思いました。それと金額的には小さくても日々売上が上がるのは楽しいものです。よく言われる言葉に「売上は全てを癒す！」、まさにその通りだと思います。

②国際展開アドバイザー

私の海外での経験を評価してくださる方へ、海外進出のアドバイザーも行っております。東京商工会議所に「中小企業国際展開アドバイザー」として認定していただいております。

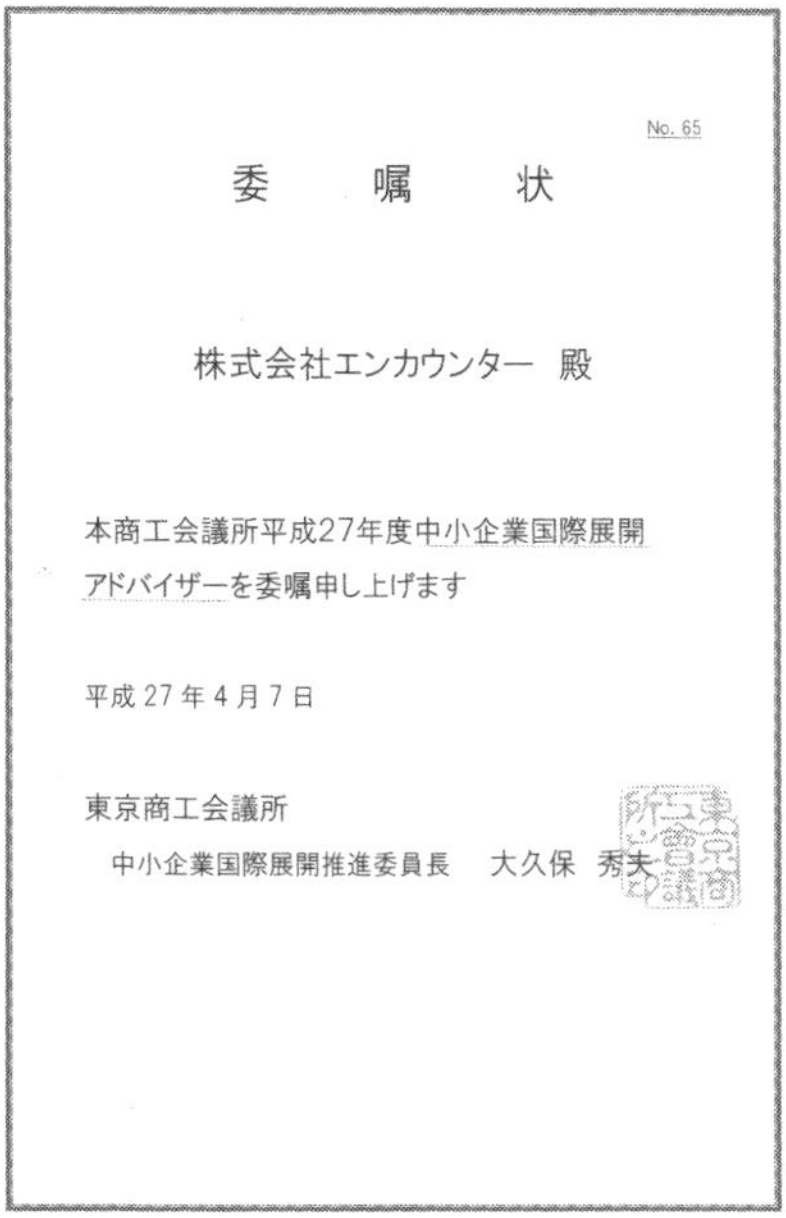

No. 65

委　嘱　状

株式会社エンカウンター　殿

本商工会議所平成27年度中小企業国際展開アドバイザーを委嘱申し上げます

平成27年4月7日

東京商工会議所
中小企業国際展開推進委員長　大久保　秀夫

日本にはたくさんの海外勤務経験者がおります。ただし、海外で「新規事業」や「創業」を経験した人は非常に少ないのが現実です。私が体験を通じて感じたことをお話しすると、初めて聞いたと膝を乗り出してくる経営者が多いのです。進出企業も無駄な苦労や失敗は避けたいでしょうし、体験者の話を聞くことは有益だと思います。

③講演会及びセミナー

私の国内・海外の新規事業や創業時の話、それに商品開発やその販売等が主なテーマです。各種交流会への参加も結構ありますが、そこで自己紹介があると、私はビジネスマンの集まりの場合は、「私は、上場と倒産の両方を経験しました原です」と言うと皆一斉に私の方を見て、一度で顔と名前を覚えてくれます。名前と顔を覚えてもらうと、交流の輪が一気に広がります。

そんな中、最近はシニアの方との交流も増えて、元気で能力や見識がある方がたくさんいらっしゃる事を発見しました。そして今後は、元気で働く意欲のあるシニアの方々を応援したいと思いました。

次章では、私の友人や、またその友人の方々の体験談をご覧ください。今までの経験を活かして、起業された方、良い仲間と巡り合って起業された方、一念発起して、資格を取って独立された方、様々な方の事例が目白押しです。

是非ご覧頂き、皆様の今後の展開の参考にしていただけましたら幸いです。

第三章　アクティブシニアの活動事例

－1－
有料老人ホーム美咲壱番館　開設奮闘記
川口和実

所属：株式会社　美咲ケアサービス　代表取締役

住所：〒 411-0907

静岡県駿東郡清水町伏見５４５番１

TEL：055-983-0033

URL：http://www.misakicare.com

「こんな考え方で良いのだろうか??」「このお年寄りは今ここにいて幸せなのだろうか?」「自分の親ならここへの入居を考えるだろうか?」……。日々そんなことを考えながらある老人介護施設で働いていました。その時私は50歳の少し手前。

規模は小さくても、自分ならもっと違う施設運営が出来る自信があるし、実際に運営してみたいとの気持ちが毎日少しずつ膨らんできました。一方で自分自身この業界でのキャリアは浅いし、1人での運営なんてどうなんだろう、可能かな?という不安。

そんなことを考えていたところ、偶然にも同じ施設の中に自分と同じ思いを持つ人物がおりました。自分の考えるサービスを実践、提供できる施設を運営してみたいが、気持ちだけでは所詮無理とのこと。この方は、幸い自分に無い、業界での豊富なキャリアと資格、そして運営ノウハウを持つ人物でした。

自分のビジネスパートナーとしては正に最適な人物だと直感しました。自分自身の長年の民間企業での経験と、このパートナーの業界での経験値を組み合わせれば実現も可能だろうと考え、思いきって声をかけてみました。

「興味はあります。が起業なんて……」という返事。やっぱり無理か！

それでも根気が大事と思い諦めず、その後も何度も夢を語り続け、打診を続けていき、ようやく同意を得るに至りました。

やるなら早い方が良い。そして共同で起業し、介護施設を立ち上げることを決断しました。56歳の時でした。心のあるサービス提供と事業の確立、成功をめざして。

それでも正直なところ、長年サラリーマン経験しかない自分自身にも、起業することへの不安が少なからず付き纏いました。実際、ある知人からは、どうしてその年齢で起業するの？　うまくいかなかったらどうするの？　など、起業自体を懸念する声がありました。

しかしその時点で迷うことはありませんでした。迷うならやらない方が良いと最初から決めていました。

さあやるぞ！　自分たちの心あるサービスを提

供をするための施設開業と、事業の確立を目指し、何としても実現させるのだ。この気持ちだけで前を向いていました。

やることがはっきりしたところで、必要なセミナーにも参加し、事業計画も作りました。スケジュール表も作りました。運営のイメージもできています。一つ一つこなしていきました。それでも勤め人の傍らでの作業は難儀を極めました。いくら時間があっても足りません。時間には限りがあり、休みなども取れませんが、健康の維持だけは意識しておりました。

意気込んで始めたものの、現実は甘くはありません。そもそも最初の時点で肝心の施設の対象物件自体が、候補はあったもののはっきりしていたわけではありません。その他にも、資金の調達は？　人材の確保は？　実績がないのに取引先は相手にしてくれるのか？　等々、難問が待ち構えております。

自力だけでの開業実現のために充分なものは何ひとつ持ち合わせておりませんでした。本当に〝やる気〟以外何もないところからのスタートです。やっぱり無理かな、何度か心折れそうになりました。最初から壁です。

でも大変であることは最初から承知のうえ、やるしかない。気持ちを切り替えてとにかく行動。しかし、現実には、事業者としての実績もない者に、物件や資金を進んで提供する人などおりません。さてどうしたものか……。

他人《ヒト》の力を利用しよう。自分に出来なければ出来る人を動かせばいい。他人《ヒト》を活用するしかない。長年に渡り自分が築いてきた人脈があるではないか（あまり多くはありませんが……）。この人脈を活かせば突破口が開けるかもしれない。心をこめて信用があり信頼のおけるあの人に相談してみよう。少し勇気が湧いてきました。人を利用するなんて言葉の響きは良くないのですが、これが後に大きな力となります。

そして我々の考えを伝え、理解、賛同していただいた上で、金融機関に引き合わせていただき、プレゼンの機会を得ることができました。プレゼンでは起業の動機から、目的、将来の目標等、熱く心を込めて語り資金調達に繋げることができました。施設の物件しかりです。

難関の１つがクリアーでき、人脈の大切さをとても痛感した瞬間でした。同時に自分１人の非力さや限界も思い知りました。そしてこの方は、今でも私にとって、協力者としてなくてはならない存在となっております。

それからすぐに会社の設立準備に入りました。

そして開設準備。開設までには準備期間が必要です。とても勤めの傍らにできるようなことではありません。それまで勤めていたところを正式に辞し、開設準備室を設けました。これからしばらく無収入で多忙の日が1年近く続くのだ。頑張らなければ……。もとより覚悟をもって臨んだこと、気持ちも少し高ぶっておりました。

準備期間中の作業は、代行手続き等のアウトソーシングは使わず、全て自分たちの手で進めて行きました。大変なことではありますが、なにせお金のない身分ですので。

キーマンとなる一緒に働く主要なスタッフの確保も重要な仕事です。当てをつけた一人一人に丁寧に声掛けしながら、優秀な人財を確保しました。ここでは顔の広いパートナーの力が存分に発揮されました。頼もしい限りです。

並行して、事業の認可を取ること、利用者を確保するための営業活動等々、やらなければならないことはまだまだあります。多くのことを短期間で成し遂げなければならず、時間も心も余裕のない辛い期間を過ごさなければなりません。でも決めた期限内に必ず成し遂げなければという気持ちを強く持っていたので、どんな難題が起きても心が折れることはありませんでした。その頃、同時進行で日一日と形のできていく建築中の施設の建物を何度も見に行き、その都度元気をもらいました。

バタバタ感はその後も続きましたが、準備室の開設から8カ月後、建物も完成し開所の数日前の内覧会を開くところまでこぎ着けました。内覧会には、大勢の方に来所していただきとても感激しました。同時に、なぜかホッとしました。

そしていよいよ開所日を迎えます。念願の施設開業が実現したのです。完成した我々の施設が目の前にあるのです。施設っぽくない、家庭的な雰囲気を意識した真新しく、とても綺麗な施設が目の前に……。作りも利用者目線にこだわりました。

「有料老人ホーム美咲壱番館」これが我々の介護施設の名前です。人間幾つになっても人生美しく咲き続けてほしいとの願いを込めて命名しました。

しかし開所の喜びにいつまでも浸っているわけにはいきません。仏を作ったら魂を入れていかなければなりません。ここからが本当のスタートです。緊張感が高まってきます。

開所初日に開所式を行ない、お世話になった関係者の方たちにご参加をいただきました。集まった関係者の方たちとスタッフ全員の前で、私はこの施設を、利用者から支持される良い施設に導き、必ず成功することを約束いたしました。これは自分自身に対する宣言・約束でもありました。


しかし、また壁です。やる気とは裏腹に、スタートは困難を極めました。

通常、介護施設への入所は、開所前に営業活動を行ない、施設差はあるものの開所初日には何名かが入所されるのが一般的です。ところが自信を持って開所した美咲壱番館は、初日から散々でした。入居者どころか問い合わせの1件もないのです。確かに美咲壱番館の名前など浸透しているわけでも、誰かが知っているわけでもありません。でも営業にも行っているし、内覧会にもあれだけ多くの人が来てくれたではないか。不安がよぎりました。

何故だ？　そう思いながら、2日経ち、3日経ち、更に1週間、10日経っても全く問い合わせの一つありません。焦燥感は日ごとに大きくなるばかりです。何が問題な

のだろう、理念だけでは支持されないのか??

毎日夕方になると、誰も入居者のいない真っ暗なフロアーに1人行き、灯りをつけ、「何故入らないのだろう、良い施設だと思うけどなあ、」と暫く自問自答に耽っていました。それがしばらくの間、夕方の日課となりました。

もう一つの事業であるショートステイも、利用者の数よりスタッフの数の方が多い状態が続いていました。

それでも少人数とはいえ、ここの事業所を利用してくれる人がいる。たとえ1人でも利用者がいるのなら、自分たちの信じるサービスを真摯な気持ちで提供していき、そして、それをコツコツ積み上げ実績にしていこう。自分自身とスタッフに言い聞かせ気持ちを前向きに切り替えていきました。利用者やスタッフに暗い顔は見せられないし、内心の不安は隠し努めて明るく振舞うよう心掛けました。

そんな状況のまま3週間が過ぎた頃、問い合わせがきました。「入居を検討したいのですが、お話を聞かせてもらえますか？」。嬉しさというより変な緊張感がありました。営業の効果が漸く表われてきたのでしょうか……。電話での問い合わせには、とにかく見学に来ていただくことを必ず訴えました。自分たちの考えやこだわりを取り入れて完成させた施設ですので、そこを見ていただき、検討していただければと考えておりました。

施設に出入りする取引先の業者の方が、業務上の訪問先に美咲壱番館のパンフレットを配ってくれたことにより、それがきっかけで入居に至ったというケースもありました。一取引先なのに、正にオール美咲のようでした。御協力に心より感謝！

ショートステイはサービスの評価が外部に出てしまいます。利用者の感想は、必ず帰宅後に家族やケアマネに伝わります。リピーターとなるか否か、他の利用者の紹介に繋がるか否か、その後の利用率に大きく影響してきます。介護保険事業の中でも、動きが多く、とても大変なショートステイですが、その分やりがいと頑張り甲斐のある事業ではないでしょうか。

ショートステイの利用率が高まっていくにつれ、美咲壱番館の名前も徐々に浸透していくようになりました。ショートステイの頑張りと評価が、その後の美咲壱番館の入居率にも大きく影響していったのでした。大変な中、共に努力し頑張ったスタッフに心から感謝です。私のとても大切な仲間たちです。

開所から半年ほど経つ頃には、美咲壱番館の入居率もショートステイの稼働率もかなり高まってきており、忙しさは相変わらずでその後も続きました。


ガムシャラに突っ走って、あっという間に1年が経ち、開業後初めての決算を無事迎えることができました。1周年です。この1年間、休日は片手に余り、体重も5kg程落ちておりました。でも体調は悪くありません。

2年目は、初年度を上回る稼働率で推移し、3年目の今年も前年以上の数字で推移しており、間もなく決算期を迎えようとするところです。

私自身も、気が付けばもう還暦を迎えておりました。

60歳を迎えたからといって、現役をリタイアすることなど全く考えておりません。まだまだ実績などほとんどなく、世の中のお役に立てている実感もなく、これから事業も一つ一つ確立させていかなければなりません。もちろん会社も社員も守っていかなければならないことも含め、企業としての社会的責任、義務も果たしていかなければなりません。世間から愛される会社、施設となって、ようやくその企業としての存在感が出てくるのではないでしょうか。

会社は、起業すること以上に、起業した後の維持、発展の方がはるかに難しいことであると認識しております。

起業するには、若い時の方が良いのかもしれませんが、絶対ではないと思います。50代60代の人生のベテランには、若い人以上の豊富な人生経験と人的ネットワークがあります。まだまだチャレンジできると思います。

私も、起業したとは言え、会社もまだまだ駆け出しの身。自分の年齢など気にしてはいられません。

会社が存続し、目の前にやるべき仕事があり、体力、気力が続く限り、生涯現役を貫きたいと考えております。

起業にあたり、多くの協力者の力添えをいただきました。協力者の皆様の存在なくして、このたびの起業はありえなかったと強く思っております。日頃よりの人との繋がりの大切さ、ありがたさを改めて感じさせていただきました。

－２－
海外経験を活かして
佐久間裕二

左・佐久間　右・原

所属：株式会社　サンインターナショナルビジネス
代表取締役社長
住所：〒 152-0022
東京都目黒区柿の木坂 1-30-16-902
TEL：03-3725-3858
E-mail：sib-sakuma@max.hi-ho.ne.jp

私が会社を設立したのは2001年12月1日。この時、自分は59歳になろうとしていました。

友人や周囲の人たちはなぜその年になって会社を作り、「大変な苦労はわかっているはずだ！」といろいろ忠告やら暖かいアドバイスがあったことを今更ながら思い出します。

しかし、自分はあまり取り越し苦労とか、将来不安に思うよりも、〝まずやってみよう！〟勝負をしないで、失敗とか成功とか、何の意味もないと思いました。


会社を設立した時、自分の心の中に一つの「命題」を持っていました。

その目標とは、日本の中小企業を海外に紹介するコンサルタント業を開業しようと、この決断は東南アジアを渡り歩いていた時、日本の中小企業は素晴らしい魅力を持っているとの実感があったのです。

（1）それでは何故、海外に日本の中小企業を紹介するコンサルタント業なのか？
自分は海外の見聞や調査が大好きです。自分の人生は32歳の時初めて海外生活を経験いたしました。以下駐在国とその年数。

・シンガポール　8年
・香港、台湾　7年
・イギリス（ロンドン）2年

この海外生活の中で一番の収穫は、海外での友人、知人が出来たことでした。そして、この友人、知人たちに日本の企業と組んで将来のビジネスを作ってみませんか？というこの「キャッチフレーズ」が会社設立時の武器というか売りにしました。

幸いに東南アジアは中国人、華僑の力が強く、この人たちの連帯感、同胞的な物事の考え方、この人たちに日本の中小企業を紹介することや、橋渡しすることが自分の最大の「使命」と思いました。

（2）仕事の内容は

①日本の中小企業を海外へ紹介

②紹介先の国

香港、台湾、シンガポール、中国。最近はベトナム、インドネシアが加わりました。

＊中国は中小企業の進出先としては、経済問題以外の法的な面と人種的な感情面から、リスクが大きいと判断し、現在は中断しています。

③海外へ紹介する業種（基本的に一般消費財）
・化粧品
・健康食品
・レストラン業界（回転寿司、居酒屋、蕎麦屋等）日本食ブームの追い風
・物流＆ＩＴ関係（倉庫管理・棚卸等）
・アクセサリー関係
・ＬＥＤ照明器具
・県の物産展の企画立案
・和菓子等の催事販売企画

④海外へ紹介する方法
・独資で海外進出をサポート（軌道に乗るまで）

・海外でのパートナー探し（友人知人やかつての取引先等が第一候補）
・合弁又は提携

（3）仕事をやって良かった点
・毎日毎日が刺激的で、物事に対して好奇心が強くなってきました。新しいことをやる時は集中し、真剣になるので勉強になります。
・最近、30代や40代の若い経営者との交流も多く、彼らの発想力や行動力に加え、その創業精神が我々に刺激を与えてくれます。
・何といっても仕事、会社は生き物で、常に経営上の問題等で精神面が鍛えられます。
・海外で仕事をしてみて、日本を客観的に見ることができるようになったのは収穫でした。
・日本と東南アジアは相互理解することで将来その関係がより強くなり、ビジネスチャンスもより大きくなると思います。
・今後、海外で求められるのは、日本人の経験と知識と体験をしたシニア層の人材かと思われます。

（4）これからのシニアの方へのアドバイス

日本のシニアの人たちは、世界の中でも素晴らしい知識や経験と実績をもって企業に貢献されてきました。定年退職して、それを生かさないのは日本の大きな損失かと思います。是非、今までの経験や知識を活かして、元気なうちはチャレンジしていただきたいと思います。

ビジネス以外でも、2020年の東京オリンピックで、シニアの方々が日本の「おもてなし」を実践し、海外からのお客様に心を込めてご案内してみてはいかがでしょうか？

行動することは年齢に関係ありません。歳を忘れてもう一度、悔いのないように、人のため、地域のため、社会のためにアクションを起こすことは素晴らしいことだと思いますがいかがでしょう。

－３－
シニア世代への開業のススメ
天埜　裕

所属：総合情報処理企画　スカイフィールド代表
住所：〒 180-0011
　　東京都武蔵野市八幡町 3-2-20
　　パークアベニューＣ－１
TEL：0422-54-7704　FAX：0422-36-3432
e-mail：amano@skyfield.jp
HP：http://skyfield.jp

私が独立して今の仕事を始めたのは、1996年、36歳の春でした。前年にWindows95が発売され、インターネットというものがわりと身近になってきたころです。

ただ、まだまだパソコンは高価で「一部の人の趣味」的な要因が強かった時代でもあります。テレビでは「インターネットが世界をつなぐ！」やら「欲しい情報がすぐに見られる」といった宣伝文句があふれかえっていました。以前から売り上げ管理などをパソコンでおこなっていた私は「個人向けのパソコン出張指導」を始めました。

地元のミニコミ誌に広告を出し、新聞の折り込み広告も利用しました。なにしろ、「金なし、人脈なし」で独立したものですから必死でした。自作のチラシを自分でポスティングし、電話をひたすら待つ毎日でした。金額設定は2時間で8千円。この金額が高いのか安いのかもわかりません。

1週間を過ぎたあたりから問い合わせが次々と来るようになり、朝から晩までお客様のご自宅へ伺い、パソコンの指導をする毎日となりました。ワープロソフトや表計算ソフトの使い方から、インターネットへの接続、パソコンを分解しての機器の取り付け等々、作業は多岐にわたるものでした。

そんな忙しい毎日の中で感じていたことは「必要とされることの嬉しさ」と「やりがい」、このふたつです。自分の培ってきた知識や能力が人の役に立ち、感謝されるうれしさ。お客様に喜んでもらえて、私も代金がいただける、小さいけれども「ウィンウィン」の関係です。

とあるお客様の紹介で、日本全国の商工団体様で講演を行なうようになりました。北は北海道、利尻、奥尻から南は九州まで、飛び回っておりました。ちょうど「2000年問題」が騒がれているころでその説明や、前職を活かしての「売れるお店のレイアウト方法」など、これも多岐にわたる題材でお話しさせていただきました。

今、シニアである皆さんの経験や知識は、多くの方が必要としているものです。「こんな経験なんて、何にもならない」と考えるかもしれません。実際、私もそうでした。

でも、自分では「当然だ、当たり前のことだ」と思っていることも、必要と思ってくれる人が必ずいるのです。

1．まずは始めてみましょう

何かをやってみたい！　と思ったら即、行動です。事務所を借りて……とか、色々考えてしまうと、身動きが取れません。電話とパソコン一式、ネット環境があれば十分です。自室で、机の上からはじめましょう。

2．「自分は何が出来るのか」を確認しましょう

人それぞれ、得意とするものは異なっています。まず、自分が提供できるものを全て書き出してみましょう。頭の中で漠然と考えるのではなく、書き出すことにより自分が出来ることを明確に把握できます。難しく考える必要はありません。たとえば私だったら、

・ホームページ作成
・ネットショップのアクセスアップ

・パソコンおよび周辺機器の設定
・店舗、売り場の集客アップ

というような感じです。書き出した中から、まず中心になるものを1つ2つ選びます。

3．手軽に、安価に皆に知ってもらいましょう

世の中の人に知ってもらうためにはやはり「営業活動」が大事です。といっても、スタートは自分ひとり。とても外回りで営業なんて出来ないと思われるでしょう。以前は、相手先に電話をし、訪問し、名刺交換という手順でした。今は、多くの人に向けてネットを活用することが出来ます。自分でホームページを用意し、情報を発信すればよいのです。

4．ホームページの必要性

俺のホームページなんて、誰も見やしないよ……と思われるかもしれません。違うのです。最初に大事なのは見る見ないではなく「ホームページがあること」なんです。

私の若いころ、名刺には「会社名」「住所」「電話番号」「FAX番号」くらいしか記載されていませんでした。

そこに「携帯電話番号」が追加されるようになり、続いて「メールアドレス」「会社のホームページアドレス」も記載されるようになりました。

要は「仕事をするならホームページがあるのは当たり前」の時代なのです。私は、パソコンのパーツを買うときも、何か調べ物をするときも、まずインターネットで検索します。大手企業のホームページを見ることもあれば、個人のブログを見ることもあります。現在はスマホでもホームページが見られるようになっていますので、多くの人がネットで情報を集めています。言ってみれば「無限の市場」です。これを活用しない手はありません。

5. ホームページ開設へ向けて

ホームページを開設するにはどうすればよいのでしょう。一番簡単なのは「丸投げでプロに頼む」方法です。ただ、値段もピンキリで、内容も良くわからず、なんとなく相手のいいなりで作ってしまった……というケースが多いようです。業者の中には月数万円、５年のリース契約を組ませてしまうところもあるようです。

私のところにも「長期のリースを組んでしまった。なんとかならないか」という相談が年に何件も寄せられます。もちろんそのような業者が全て悪いというつもりはありません。中にはちゃんとフォローしてくれて実績を上げているところもあります。

でも、まずは自分ひとりで始めよう！と思っているのですから、リースとはいえ１００万単位の出費は痛いです。

6. 出来るだけ自分の力でやってみましょう

ホームページ開設に必要なものは、最低限以下のものです。

・パソコン
・ネット環境
・ドメイン（ホームページアドレスとも言います）※1
・レンタルサーバー　※2
・ホームページ作成ソフト　※3

パソコンとネット環境は、すでにお持ちだと思います。ドメインはホームページのネット上の住所のようなものです。○○.jpとか○○.comと言うのがそうです。レンタルサーバーは、作成したホームページのデータの置き場です。このデータの置き場に、皆さんが○○.jpと言う住所を頼りに見に来るわけです。

そして、ホームページ作成ソフト。いろんな種類がありますが、私は初めての方には「ホームページビルダー」をお勧めします。ホームページ作成に必要な一連のソフトが全て入っており、作成時に使用出来る雛形も充実しています。操作も文書が作成できるスキルがあれば使えます。ドメインや、サーバー代金も左記をご覧になってください。思っていたより、ずっと安いと感じられるはずです。

※1 「ムームードメイン」https://muumuu-domain.com/
※2 「ロリポップ」http://lolipop.jp/
※3 「ホームページビルダー」https://www.justsystems.com/jp/products/hpb/

7. ホームページの構成を考えましょう

いきなり、ホームページを作ろうと思っても何をどうすればよいのか、迷ってしまいます。まず、ホームページの構成を考えましょう。訪問者が求める情報があり、迷わずその情報にたどり着けるように整理していくことが最も重要です。

まず、掲載したい内容をリストアップします。仮に一般的な店舗でしたら、以下のようなものでしょう。

①お知らせ
②お店情報
③ギャラリー
④ブログ
⑤スクール

などなど。1項目、1画面と考えます。

営業時間や、お店の場所、また特別なサービスを行なっているのであれば、その紹介ページ。お店からのお知らせや、店長のブログなど、まずはリストアップしていきます。

パソコンで作業してももちろん良いのですが、私はA４サイズの紙に書いていくことをお勧めします。１画面をA４の用紙１枚と見立てて、手書きで書き込んでいきま

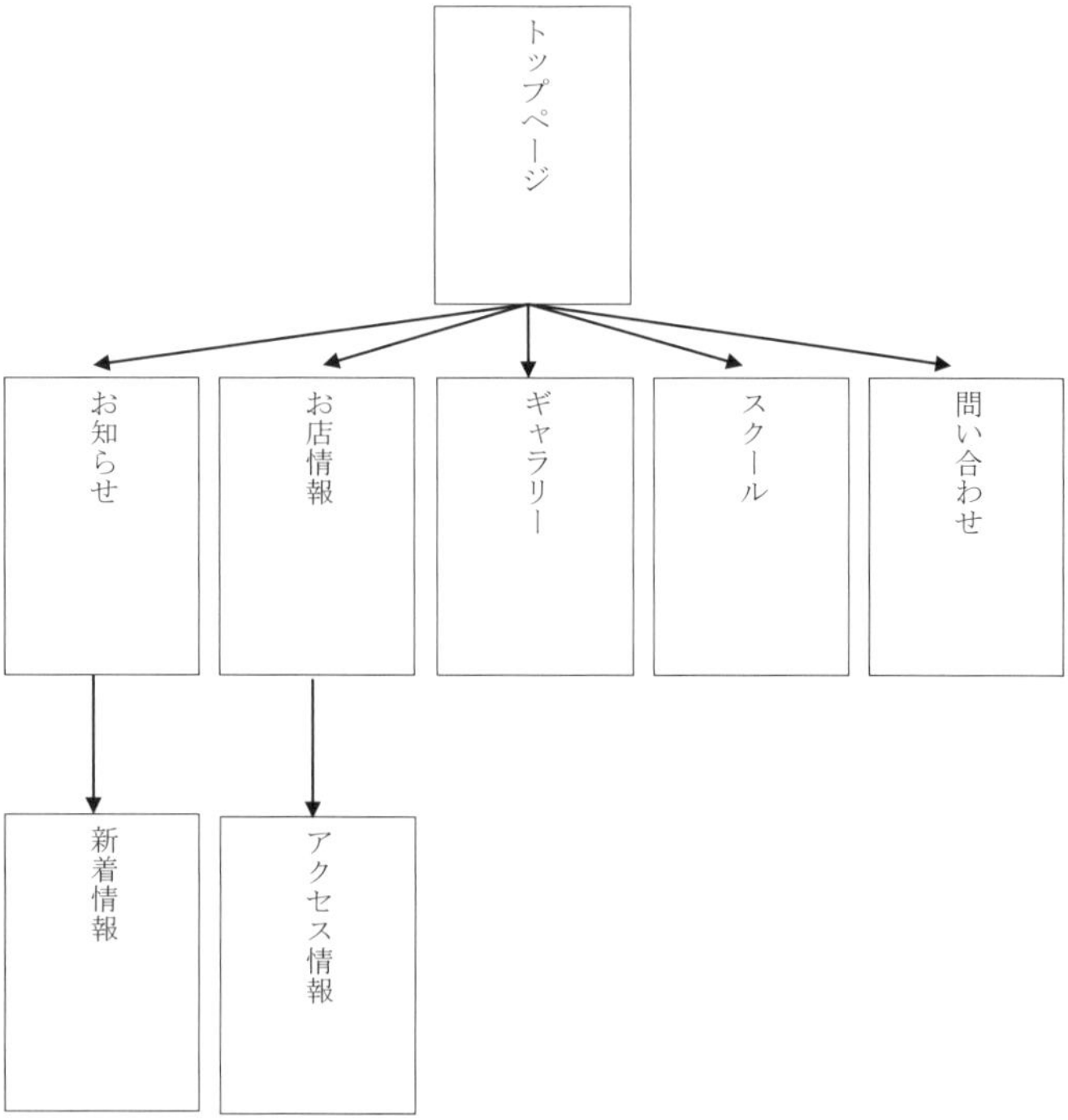

しょう。それをツリーのように並べ替えてみます。

　このような感じです。見た目にも、頭の中も整理し易いですよね。ここまでで大事なことは、「ページのデザインなどは、まだ考えない」ということです。とにかく、文字情報で、掲載したい事柄を書き綴っていきます。

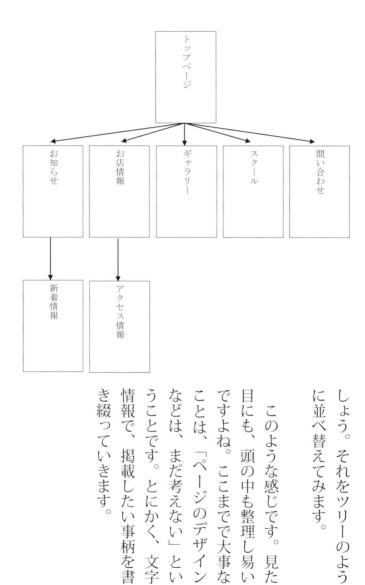

8. 構成をホームページに落とし込んでいきます

構成が決まったら、いよいよパソコンでページを作成していきます。ホームページビルダーをご紹介しましたが、色々なソフトがありますので、お好みで使ってみてください。Googleで「ホームページ作成ソフト」と検索すれば、有料のものから無料のものまで、たくさん出てきます。一定期間無料で試用できるものもありますので、自分が使い易いと思ったものが良いでしょう。

ホームページの雛形も、無料のものがたくさんあります。私のお勧めは「nikukyu-punch」http://nikukyu-punch.com/index.html　です。ここにはビジネス向けや個人向けなどのホームページの雛形がたくさんあります。

ただ、最初から全て完成させるとは、思わないことです。私でも、何回も何回も作り直しますから。ソフトの使い方を練習してみるか、くらいの軽い気持ちで始めましょう。最終的に「やっぱり人に頼もう」ということになるかもしれません。それはそれでかまいません。ただ、こうやってホームページを作っていくのだということを理解していれば、人に頼むときも、説明し易くなります。ぜひ、出来るところまで、自分の力でやってみてください。

9. ホームページは作ってからがスタートです

苦労して、ホームページを作って、名刺にもアドレスを記載して「さあ、これで完成だ」と、ほとんどの人が安心します。なれない作業がやっと終わった、これからはお客様からの連絡を待つだけだ、と。

実は、ホームページは公開してからが、本当のスタートなのです。どうやれば、多くの人に見てもらえるか、今、掲載している情報は古くないか、というようなことを、それこそ毎日考えていく必要があります。

皆さんがあるページを見たとします。そのページの情報が古いものばかりだったら、どう思いますか？　私は少なくとも、2カ月に1回は1つの項目、1つの文章でも良いですから更新し、年に1回は大きく見直しをすることが必要だと思います。最初から、更新する気がないページならば、作る意味はありません。

10. 多くの人に見ていただくために

せっかく作ったホームページ、多くの人に見てもらいたいです。まずはGoogleやYahooなどの検索エンジンでヒットするようにしましょう。「お金を払っていただければ、検索順位の上位に表示されるようにしますよ」という業者も存在しますが、ほとんどがインチキです。

最初にやることは http://www.google.co.jp/addurl/ から Google に登録することです。これは無料です。同様なサービスが Yahoo にもありますが、有料（4万円～）になるので、私は Google をお勧めします。

名刺にホームページのアドレス、メールアドレスを入れるのはもちろんです。友人や、過去の仕事関係先にも、ホームページ開設のご挨拶をしましょう。「あっという間にアクセス数が増える裏技」なんて、存在しません。

11．集客出来るホームページは「効果の先をイメージできる」

うまく集客できているホームページやチラシには、必ずと言っていいほど効果の先がイメージできる内容になっています。

今流行っている低カロリーの飲食店や、ネイルサロン・エステサロン・マッサージ店・健康グッズの販売店など、ユーザーが何らかの効果を期待して来店されたり購入されたりする業種の場合、効果の先がイメージできるかどうかで、販売数、来客数が大きく変わってきます。

では、どうしたらお客様の心が動き、あなたのお店に来店してもらえるのか？　それは、爪が綺麗になった先の生活をイメージしてもらうことが必要です。要するに、【爪が美しくなります！】だけではなく【爪が綺麗になり、パーティーや、結婚式などで、一目置かれる存在になれます！】のほうが、心が動かされるんです。お客様はただ爪を綺麗にしたいわけじゃないはずです。

ネイルサロンに来店する方々はきっと、「男性に魅力的だと思われたい」や「ふと爪を見たときに幸せな気持ちに浸りたい」や「友人の間で注目されたい」などの効果の先の目的があって来店されているはずです。

チラシやホームページで大切なことは、お客様に効果の先をイメージさせられるかどうかです。

※ユーザーが効果の先に何を求めて来店しているのかしっかりと把握できない場合はアンケートなどを実施してお客様に直接伺ってみてもいいと思います。

12．応援します

自分でやってみたけど、どうもうまくいかない。自信がないのである程度指導して欲しいという方もいらっしゃると思います。私は、多くの個人事業主や企業のページをコンサルティングしております。この場で皆さんとお知り合いになれたのも、何かの縁です。

これからビジネスをスタートされる予定のシニアの方向けに、簡単でわかりやすく廉価なホームページも、特別に用意しておりますので、お気軽にご相談下さい。

－4－
シニアにもっと笑いを
藤井敬三

所属：ＮＰＯ法人「シニア大楽」理事長

住所：〒 101-0021

東京都千代田区外神田 2-1-11 松住ビル２Ｆ

TEL：03-3251-3955　　FAX：03-3251-3957

E-mail：senior-daigaku@joy.ocn.ne.jp

URL：http://www.senior-daigaku.jp

講演デビューしませんか？

広告代理店で40年間働いてきた私は、定年前に(財)シニアルネッサンス財団認定のシニアライフアドバイザー資格を取得しました。

同時期に資格取得した仲間たち10名でNPO法人「シニア大楽（だいがく）」を立ち上げ、元気なシニアの社会参加を支援する活動を始めました。13年前のことでした。

定年退職した元気なシニアが街にあふれています。彼らは企業戦士としてその道一筋に40年間、専門知識と豊富な経験をもつ人材の宝庫です。

その貴重な知識と経験を市民講座の講師として活躍してもらおうと「講師紹介センター」を創設しました。企業も役所も手掛けていないプロジェクトです。全国紙の記者にその構想を話したところ、記事として掲載されました。

その記事を契機に講師希望者が殺到しました。

例えば国際線のパイロットだった人は安全管理の講師、商社の海外勤務が長かった人は海外生活や旅行のアドバイスの講師、幼稚園の講師だった人は子育ての講師、看護師だった人は成人病予防や介護の講師など、自分の経験を世間に伝えたい人が応募してきました。

一方、公民館や生涯学習団体、企業研修などの担当者は市民講座の講師をいつも探しています。その仲介の役目をしているのが「ＮＰＯシニア大楽」講師紹介センターの仕事です。

講師になりたいシニアのリストを作り、講師を探している団体に配布すれば、両方にメリットがあります。しかも講演料がそれほど高くなく、少ない予算で講師が調達できることになります。

講師のスキルアップ講座

講師紹介センターには現在５００名を超える講師が登録されています。経験豊富なプロの講師も登録されていますが、講演活動を開始したばかりの人や、さらに講師としての話術を磨きたいという人もいます。

その要望に応え「講師のための話し方講座」を企画したところ、会場定員の2倍以上の応募がありました。第二の人生を、講師の仕事で新しい生きがいを見つけようとする人が多いこと、シニア講師の向上心の高さと真剣な態度に感動を覚えました。

それ以降、毎月1回の講師講習会が続いていています。はじめは「人前での話が苦手」と言っていた講師も出席を重ねるたびにベテラン講師に育っていきます。

依頼主からは「話の面白い講師を紹介してほしい」との依頼が多くあります。そのため講師講習会では「楽しく笑いのある講師になろう」が合言葉になりました。

「講師リスト」を講師を求めている各方面の団体に配布したところ「講師選びの参考になる」と好評で、講師の依頼が毎日のように届いています。依頼件数は設立以来2500件を超えました。

有名講師を紹介する企業はありますが、無名のシニア講師を紹介するNPOは初めてでした。特定非営利活動法人（NPO）という立場だからできるボランティア活動だと思います。

シニア演芸団「演多亭」の結成

講師陣の中には落語、漫談、奇術、大道芸、民謡、演歌、シャンソン、獅子舞など芸自慢が多く、エンターテイメント講師70名がシニア演芸団「演多亭」を結成、シニアの集まりに派遣して笑いを振りまいています。さらに「演多亭」自主公演を毎年、文京シビック小ホールで開催しています。

登録講師の講演をもっと一般市民に聞いてもらおうと、「公開講座」も始めました。3人の講師と1人の落語家が熱演を披露します。毎月1回の開催で、飯田橋にある東京ボランティアセンターの会場には。熱心なシニアの聴講者が詰めかけ、毎回いっぱいになります。

講師の依頼先を増やすための促進策も講じています。つまり営業活動です。いつも講師を探している自治体の市民講座担当者を招いて「成功する市民講座・企画立案と講師の選び方」を毎年開催しています。毎回15人の登録講師が1人10分の持ち時間でショート講演を披露します。つまり講師の真剣なプレゼン会です。これにより講師の依頼件数が着実に増えていきました。

私も講師デビュー

私自身も講師としてデビューをしています。主な演題は「暮らしに笑いを」〈笑いの健康学〉で、対象は中高年。はじめは公民館で30名程度を前にしての汗びっしょりの講演でした。これが予想外の好評で自分自身びっくりでした。主催の担当者も「これは面白い」と隣り町の公民館に紹介していただき、それをきっかけに講演依頼が各方面から来るようになりました。

私の講演活動とNPO活動を新聞社が知るところとなり、ある全国紙が「シニアの経験を活かし講演デビュー、第二の人生を講師として活躍」と紙面で大きく取り上げました。これを見た他の全国紙からも取材が続き、次々と掲載されました。テレビにも放送され、これを契機にさらに講演依頼が舞い込んで来るようになりました。

当初は首都圏中心でしたが、今では東北や九州などの遠隔地からも講演依頼の話があります。中には外国航路の豪華客船での船内講師というユニークな仕事もあります。講演テーマも「笑いと健康」だけではなく「ユーモアコミュニケーション」「ユーモア話術」など「話し方の技術指導」にまで広がりました。さらには「中高年の生きがいづくり」「定年後を輝いて生きる」「笑って脳を活性化～認知症予防～」、「ユーモア川柳入門講座」など、講演の演目も増えました。

68歳から落語家に挑戦

話を面白くするため、68歳から落語協会真打の三遊亭圓王師匠に入門して古典落語の手ほどきを得ました。古典落語は台本を丸暗記しなければ人前で流暢に演じられません。記憶力の減退と闘う毎日が続きました。

それから7年。今では20話の古典落語をマスターしました。

社会人落語家「三遊亭王笑」の芸名で、師匠と共にハワイ公演や国立演芸場、横浜にぎわい座の高座で落語を披露するまでになりました。得意ネタは「目黒のさんま」「初天神」「親子酒」「藪医者」「居酒屋」「金明竹」などです。

世間には、私のように記憶力の減退と闘いながら落語を学んでいる多くのシニア社会人落語家がいます。「落語で認知症を予防しよう」と65歳以上の落語家たちに呼びかけ、第一回「シニア社会人落語会」を文京シビック小ホールで開催しました。最高齢者は81歳。10人のシニア社会人落語家が熱演。その姿は各方面から喝采を浴びました。

これから落語を学びたいというシニアのためにシニア大楽主催で「小ばなし・落語入門サロン」を開講。毎月1回、秋葉原で開催しています。笑いを求め、笑いを学ぶシニアで会場は満員になりました。

シニアにもっと笑いを

「シニアにもっと笑い」をテーマに活動しているＮＰＯ法人「シニア大楽」には、これ以外にもユニークなプロジェクトがあります。

「笑いが健康に良い」とユーモア共和国を結成。シニアを集め秋葉原で「ユーモアスピーチの会」を開催したところ、これが大ヒット。

シニア大楽　公開講座のチラシ

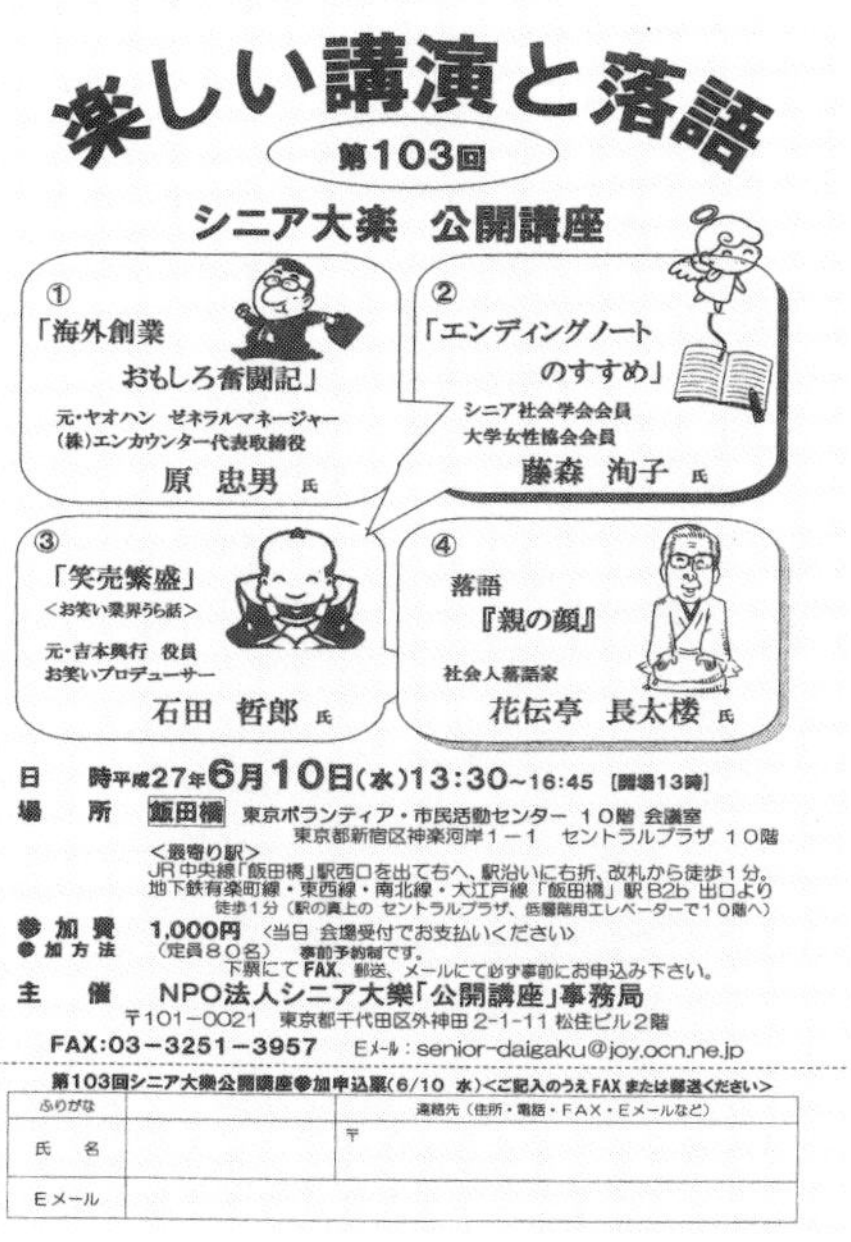

シニアが過去の失敗談や面白い出来事などを3分間で話す他愛もない会ですが、今では首都圏9カ所で毎月開催しています。

シニアは肉体的にも社会的にも弱者です。加齢を川柳で笑い飛ばそうと「シニアユーモア川柳の会」を結成。世間から広く「シニアユーモア川柳」（しにあせん）を募集しています。初心者のために秋葉原で「ユーモア川柳入門教室」を開講しています。私自身も巣鴨と三鷹で「シニアユーモア川柳教室」講師を務めています。

シニアの暮らしにはいろいろと不便がいっぱいあります。その不便を解決しようと、「シニアための発明発見サロン」を開設しました。知恵を出し合って発明を愉しむ姿がそこにあります。アイデアを考えることで脳を活性化させ、認知症の予防にもつながっています。

シニアは社会のお荷物ではありません。豊かな人生経験と知恵をいっぱい持った宝物です。経済的な貢献はできなくても、笑顔と笑いで若い世代を励まそうではありませんか。

－５－

（資格ビジネス事例１）

仕事は信頼関係とネットワーク

徳久日出一

資格：中小企業診断士

所属：一般社団法人 多摩経営工房　代表理事

住所：〒 182-0036

東京都調布市飛田給 2-27-1

TEL：042-489-0888　携帯：090-2338-1819

E-mail：htoku1818@gmail.com

URL：http://tama-labo.jp

1．資格を取ろうと思った動機・その時の状況

私は１９７０年に大手流通業Y社に入社し、同社が１９９７年に倒産するまでお世話になりました。27年間の勤務のうち23年間はブラジル、ＵＳＡ、香港に駐在したので、キャリアとしてはほとんどが海外業務でした。

Y社は会社更生法を申請しましたが、イオングループ（当時はジャスコ株式会社）がスポンサーとなって再建に取り組んだため、会社に残る選択肢もありましたが、日本での勤務経験が少ないうえ、海外での経験も活かせないと考えて退職しました。その時はまだ54歳の働き盛りでしたが、今さら日本の会社に再就職する気はなく、海外での実務経験を活かして、日本企業の海外進出を支援する仕事をしたいと考えました。また、小売り流通業の経験もあるので、流通業のコンサルティングなどにも興味がありました。

そのうち、経営コンサルタントになろうという意思が強くなり、翌年、あるコンサルタント会社が実施していたコンサルタント養成講座を受講しました。そこで20数名の仲間と一緒に約1年勉強しましたが、中小企業診断士や税理士の資格を持っている人が5、6名いたので、自分も何か資格を取ってみたいと思い、早速いろいろな資格

を調べてみました。

そして、興味を持った中小企業診断士、社会保険労務士、行政書士、ファイナンシャル・プランナーの中から、経営コンサルタントにもっともふさわしい資格として、最終的に中小企業診断士を選択しました。

2. 資格取得の方法・時間・費用

資格を取るためには独学や通信教育もありますが、大学の入学試験勉強以来、そのようなことは社会人になってからはほとんど経験もなく、1人でコツコツ勉強する自信もありませんでした。取得した人の体験談などから、資格取得の専門校に通うのが望ましいと判断し、日本マンパワーの説明会に参加、最終的に「6月日曜コース」というのに申し込みました。日曜コースは月平均3回授業があり、そこで6月から勉強して1年後の8月、一次試験を受けることを目標としました。

中小企業診断士の試験は8月に一次試験、10月に二次試験がありますが、どちらも1年に1回しかないので、一発で合格するためには、自宅でも予習復習や過去の問題集を使っての勉強が欠かせませんでした。その頃は毎週3日間、埼玉県の企業に嘱託で通っていたので、往復の通勤電車でも十分勉強する時間がありました。そして、いざ勉強を始めてみると、社会人としてビジネスで経験してきたことが理論的に理解できるので、勉強すること自体が楽しくなってきました。また、試験科目によっては、実際に会社の現場でやってきたことが大いに役に立ちました。

いま思い出してみると、そのような楽しさがあったからこそ、1年間の受験勉強が飽きずに続けられ、意欲とエネルギーを与えてくれたとしか考えられません。専門校では、多くの講師から、合格するためには１０００時間以上は勉強する必要があると言われましたが、結果的にそのぐらいの時間を使ったかと記憶しています。そのおかげで、一次、二次試験ともストレートで合格することができました。

かかった費用は、専門校のコースの学費が32万円、それ以外に特別セミナー、直前対策セミナー等、数回のセミナー費用、教科書、参考書、過去問題集等で2〜3万円かかったと思います。ちょうどその頃、雇用促進事業団で「中高年齢労働者受講奨励金」という補助金制度があり、32万円の学費が丸々支給されると聞き申請しましたが、残念なことに、私の場合は「自己都合による退職」であるという理由で認められませんでした。

3．資格取得のために自分で工夫（努力）したこと

私が受験した当時、中小企業診断士試験は「工業」「商業」「情報」の3部門に分かれていて（現在は部門がなくなり統一）、商業部門の一次試験の受験科目は、以下の8科目（現在は7科目）でした。

「共通科目」（全部門共通）

・経営基本管理
・労務管理
・財務管理
・販売管理

「専門科目」（商業部門）

・仕入管理
・店舗施設管理
・商品知識
・経済的知識

共通科目の中では、現役時代に経験のなかった財務管理に一番時間をかけました。そこで貸借対照表（BS）や損益計算書（PL）を基礎から勉強し、財務分析の方法も理解できるようになりました。ちょうどその頃、大企業では決算書にキャッシュフロー計算書の提出が義務づけられました。このような新しい制度ができたときは、試験に出題されることが多いと講師から聞き、苦労しながらなんとか理解したら、予想にたがわず見事に出題され、試験場で思わず顔がほころびました。

商業部門の専門科目は、ほとんど会社勤務時代の仕事で身に着けた知識で対応できたため、あまり勉強しなくても、ある程度は点が稼げました。その中では唯一、経済的知識には力を入れました。毎年発行される、「中小企業白書」の中から多くの問題が出題されるので、直近2年分の「中小企業白書」を最低3回読め、と講師に言われましたが、2回しか読めませんでした。それでも出題された問題には、ある程度回答することができました。3回読んでいたら、もっと高い点数が取れた筈です。中小企業診断士試験には「中小企業白書」の理解が必須です。

4. 取得後の変化と行動

２０００年に中小企業診断士として経済産業大臣により登録され、初めて官報に名前が載りました。21世紀に突入した２００１年、経営コンサルタントとして独立し、「快適経営」という屋号で個人事業主の登録を行ないました。とはいえ、まだ何も仕事はなく、どうやって仕事を獲得するかを考えながら、所属した中小企業診断協会の会合に参加し、いろいろな情報を集めました。

また、私は海外駐在が長かったため、日本国内には友人や知り合いが少ないことを自覚し、人脈を広げる必要性を強く感じていました。そのため、中小企業診断協会の国際部をはじめ、香港やブラジル関係の団体、大学の校友会関係等、各種の会合等には手当たり次第に積極的に参加しました。その結果、15年経って気が付いてみれば、濃淡はありますが、現在では別表のような団体や組織に参加して活動し、それなりの役職も与えられるに至っています。

要するに、資格というものは、取得しただけではほとんど何の役にも立たず、それを活かして活動してこそ役に立つものであることを、独立してから走り出したこの期間に実感しました。同時に、インターネット関連システムの発展やＩＣＴの急速な発達・普及により、世の中の急激な変化に対応するためには、常に新たな情報を収集して新しい知識や技術を取り入れ、心構えや考え方も修正していかなければならない事を痛感しました。

一方、ネットやSNS全盛の時代になればなるほど、アナログ的な関係が重要さを増してきます。それは、顔を合わせるコミュニケーションと人間関係です。どんなに知識や技術が高度化しても、それを判断して使うのは人間です。また一人でどんなに良い仕事をしても、その効果は限られています。多くの仲間や友人と協力・連携して組織的な対応をすることにより、より大きな仕事をするチャン

所属団体・組織一覧表

	組織・団体名	種類	役職
1	ワールド・ビジネス・アソシエイツ	株式会社	監査役
2	東京都中小企業診断士協会	一般社団法人	元理事・国際部長
3	東京協会ワールドビジネス研究会	(中小企業診断士協会公認)	会長
4	多摩経営工房	一般社団法人	代表理事
5	国家基本問題研究所	一般財団法人	会員
6	首都圏産業活性化協会	一般社団法人	TAMAコーディネータ
7	調布市商工会	(東京都商工会連合会所属)	会員・登録エキスパート
8	日本ブラジル中央協会	一般社団法人	会員
9	日本香港協会	NPO法人	副理事長
10	早稲田大学校友会	(大学の同窓会組織)	元幹事・代議員
11	早稲田大学商議員会	(早稲田大学)	商議員
12	中小企業診断士稲門会	(早稲田大学校友会)	会長
13	東京香港稲門会	(早稲田大学校友会)	会長
14	恵比寿ビジネスネットワーク	(私的な勉強会)	顧問(前理事長)
15	一木会	(香港駐在経験者の会)	会員
16	コンサルティング・アウトソーシング・アソシエーション	(元日経協コンサルタントの会)	会員

スが生まれます。いかに多くの信頼できる人的ネットワークを構築するか、がビジネスを成功させ、ひいては人生を豊かにするカギであることを学びました。

5. 具体的な業務の実例

(1)中小企業の経営支援

地元の商工会からの依頼で、ある飲食業の経営相談を担当しました。企業の経営診断について一連の流れを簡単に説明すると、最初は経営者との面談です。経営者から開業の動機や目的、経営の実態、経営上の問題点等の重要な情報を収集するとともに、直前3期分の決算書をお借りします。次に、その情報を基にSWOT分析という手法を使って、その企業を取り巻く内部環境や外部環境を調査し、経営内容を分析します。そこから経営上の課題を抽出し、それらの課題を解決するための改善方法を提案します。

その飲食店の課題は、近くに競合店が増えたため、売り上げが減少傾向にあることと、昼に比べて夜の売り上げが少ないことでした。昼の対策としては、その店の最も得意とする料理を看板メニューとして、口コミやチラシで宣伝すること、およびメニューの絞り込みを提案しました。夜の課題については、立地上の制約から夜の集客が難しいと判断し、ケータリングの営業を提案しました。経営者がその提案を実施した結果、1年後には同店の売り上げも回復しています。このような経営相談や経営支援が1年に20件ほどあり、個人やグループで対応しています。

(2)講演、研修・セミナー講師

資格を取ってから、講演や研修・セミナー講師の依頼が多くなりました。内容は「中小企業診断士とは」、「中小企業政策と補助金」、「中小企業の海外進出」、「香港の魅力と可能性」などです。この数年の主な実績としては、東京商工会議所、東京都中小企業診断士協会、東京中小企業投資育成、首都圏産業活性化協会、調布市商工会、横浜企業経営支援財団、香港貿易発展局、早稲田大学、千葉大学、産業能率大学総合研究所、鯖江商工会議所、いわき産学官ネットワーク協会、習志野市、東芝情報機器等です。

（3）執筆

診断士になってから以下のように書籍を四冊出版しました。いずれも共著です。『中小企業の経営革新ノウハウ』（同友館）、『図解ＢＲＩＣｓ経済がみるみるわかる本』（ＰＨＰ研究所）、『入門ＮＥＸＴ11がみるみるわかる本』（ＰＨＰ研究所）、『ＢＲＩＣｓとＮＥＸＴ11のすべて』（ＰＨＰ研究所）。それ以外に、経営関係の雑誌や専門誌などからも、時々執筆の依頼があります。

6．資格を取って良かったこと

資格を取って良かったことはたくさんありますが、資格を取った強みやメリットとしては、次の５つのことが代表的です。

（1）信用ができたこと

企業に行っても、支援機関に行っても、中小企業診断士ということで一定の信用があるため、経営コンサルタントという名刺を出しても胡散臭く見られることはありません。たまに、中小企業診断士の存在を知らない経営者に会うと、興味を示して、どのような資格かと聞かれることがあります。そのような時こそ新しい仕事を売り込むチャンスです。

名刺に肩書が書けることは大きなメリットです。会社を退職して名刺も肩書もなかった頃、クレジットカードを申請して作ってもらえなかったことがありました。

(2)自信がついたこと

経営診断やコンサルティングの仕事をすればするほど、自分がやっている仕事に自信が持てるようになり、経営相談を受けた時や、企業経営のさまざまな問題に直面した場合にも驚かなくなります。必ずしも自分が解決できる問題ばかりではありませんが、ほとんどの場合は経営者が答えを持っていることが多く、リスニングやコーチングを通じて、その答えを引き出すのもやりがいのある仕事です。

また、自分には手に負えない仕事であっても、幅広いネットワークの中には様々な業務の専門家がおり、必ず最適な中小企業診断士を見つけることができるのも、大きな強みとなっています。

（3）自覚ができたこと

診断先の企業や支援機関に打合せに行ったり、研究会等の中小企業診断士の集まりに参加したりすると、自分が中小企業診断士として正しくふるまっているかということが気になります。企業経営者や商工会等の支援をする場合も、誰から見られても恥ずかしくない態度を取っているか、相手のためになる良い仕事をしているかという意識が働き、いつも自覚して行動する機会が多くなっています。

（4）楽しく仕事ができること

企業に勤めているときは、上司から命令されれば、気に入らない仕事や、やりたくない仕事でもやらざるを得ませんでした。そんなわけで、決して楽しい仕事ばかりではありませんでしたが、独立して個人事業主として仕事を始めてからは、楽しい仕事が多くなってきました。

基本的に、やりたくない仕事は引き受けないし、頼まれても断ることもできます。ただし、仕事をするのが楽しくなってきている今では、断ることはほとんどありません。どんな仕事でも、お客様のお役に立ち、相手から喜ばれると自分もうれしくなります。

（5）勉強する習慣がついたこと

中小企業診断士になる以前は、こんなに熱心に勉強や仕事をしたことはありません。仕事が楽しくなると、もっと良い仕事がしたい、もっとお客様に喜ばれたい、という気持ちが強くなります。そのため、少しでも自分の知識や能力を高めるために、積極的に外部の研修やセミナーに参加し、自分のためになる本を読むようになりました。夕食後、パソコンに向かわない日はなくなり、資格を取って以来、それが習慣になり自然になってきました。

7．資格ビジネスのポイント・アドバイス

（1）仕事は早く片付ける

仕事をするときは、集中力を高めることが必要です。だらだら仕事をせずに、一気に取りかかり、少しでも早く片付けてしまうように心がけたいものです。情報を収集し、環境を分析し、活用できる資源や協力者等を探し、対応策や解決案が出てきたら

優先順位を決め、速やかに実行します。また、時には走りながら考え、できるものから手を付けていくことも必要です。一つの仕事が終われば、また次の仕事が待っています。

（2）仕事は楽しくする

仕事の効率を上げるためには、楽しく仕事をするに限ります。楽しく仕事をすると頭が回転し、アドレナリンが分泌されて良いアイデアや知恵が湧いてきます。楽しく仕事をしていると、ストレスも感じないし、時間が経つのを忘れてしまいます。そして何よりも、楽しく仕事をすることにより、精神状態も安定しほとんど疲れません。いつもこのように心がけたいものです。

（3）仕事を探す・見つける

仕事を受注するためには営業活動が必要です。資格を取ったからといって、向こうから仕事はやってきません。ターゲットを決め、受注できるまで何回も訪問していると、そのうちチャンスがやってきます。

私がある商工会議所から仕事を受注したのは、まさにこのような状況の中からでした。最初は知人から紹介されて所長に挨拶に行きましたが、ロビーで名刺を交換しただけで、こちらの話にはほとんど関心を持っていただけませんでした。頃合いをみて2回目に訪問したときも、やはりロビーで挨拶しましたが、帰り際に担当者を紹介してくれました。その時、立ち話ではありましたが、担当者がこちらの話に興味を持っているように感じたので、3回目は担当者と直接面談しました。

3回目の訪問で初めて相談室に案内され、こちらの話や提案を聞いてもらえました。しかし、まだ仕事になりそうな話にはなりません。

そして、4回目に先方から問い合わせがあり、それに対して、こちらから提案をまとめて持って行きました。結局、その提案自体は受注には繋がりませんでしたが、雑談中に別の話が出て、その話にこちらから飛びつきました。その頃になると、担当者との間に信頼関係が生まれてきて、5回目の訪問でようやく受注することができました。信頼関係ができるまでは、何回でも飽きずに営業活動をすることが、本当に重要であると実感しました。

（4）ネットワークを構築する

人脈やネットワークを作るには、こちらから積極的に研究会や同好会、研修やセミナー等に参加することが必要です。研修会の後で懇親会が開かれることもあります。その時こそ、ネットワークを広げるチャンスです。多くの人と名刺交換をして歓談し、興味を持った人やまた会いたいと思った人には、後からお礼のメールや電話をします。一度会っただけでは忘れてしまうことが多いですが、メールや電話で2回、3回とやり取りするうちに、お互いに親しくなっていきます。

大学の校友会や趣味の会などは、ネットワークづくりには最適です。何しろ共通の知り合いや話題が多いので、すぐに打ち解けて話がしやすい雰囲気です。一度でも食事をしたり飲んだりすると信頼関係が深まり、ネットワークが作りやすくなります。最近では、ホームページやフェイスブックを活用して、ネットワークを作っている人も増加しています。

8. 今後への取り組み・抱負

2年前に設立した地域診断士会の「多摩経営工房」の活動をさらに発展させ、地域の中小企業や小規模事業者の皆様から、もっと喜んでいただけるグループに育てたいと考えています。そのためには、行政や公的支援機関、地域の金融機関等とも連携・協力して、今まで以上に、経営相談や各種のセミナー・研修などを通じて事業の発展を支援し、地域貢献をすることが必要です。

個人的には、中小企業のグローバル化の進展に伴い、海外関連ビジネスにも尽力したいと思っています。市場調査やセミナー、海外進出支援、講演、執筆など、やりたいことがたくさんあります。まだまだ当分引退はできません。

－6－

（資格ビジネス事例2）

顧客の喜びが大きな達成感
新坂東綱

資格：特定社会保険労務士、行政書士、
　　　ライフプラン・アドバイザー（東京都認定）、
　　　相続アドバイザー、年金アドバイザー
所属：新坂社会保険労務士・行政書士事務所（自営）
住所：〒 340-0022
　　　埼玉県草加市瀬崎 3-27-7
TEL：048-925-0326　　FAX：048-925-0371
E-mail:：h-shinsaka@island.dti.ne.jp
URL：http://www.fides.dti.ne.jp/shinsaka/index.html

1. 資格を取ろうと思った動機・その時の状況

私は大手物流会社に定年まで勤務しましたが、40代に仕事の上でいろいろな手続きや法的な知識が必要だったため、とりあえず、ビジネス法務二級の資格を取得しました。その後、責任が重くなるにつれ、複雑な業務や海外との取引に系統だった民法の知識も必要不可欠となり、53歳で行政書士の資格を取得しました。

社会保険労務士取得の動機は、55歳の役職定年により経営企画部門に異動になり、後輩社員に対して、これまでの経験を活かし、自由な立場から助言することが求められるようになってからです。それまで会社から預かっていた部下や権限がなくなり、いま考えるとお恥ずかしい話ですが、パソコンも自分で操作しなければならず、初めて経験することばかりでした。しかし、その時の経験が独立後の事務所ワークに大変役に立っています。

経営企画部門は会社全体に関与する事案が多く、それまでは社外を相手にした業務がほとんどでしたが、人事労務管理等の社内の管理業務に対応せざるを得ないことがありました。私の発言が法律に担保されていなければ、過去の実績をよりどころにした経験談にすぎないことに気づき、社労士の勉強を始めました。

それに加え、もう一つ理由があります。それは、ロサンゼルス駐在員とニューヨーク駐在事務所長の5年にわたる経験の中で、直接、間接にアメリカ人の人生観に接したことです。アメリカでは、定年後の第二の人生をゴールデンエイジと呼び、早めに第一の人生を卒業し次の人生に挑戦する。それも若い時と違って、ある程度の資金と人脈がある挑戦が可能な期間とされています。「挑戦が人生を豊かにする」の至言こそ多くのアメリカ人の人生観であり、起業家精神の根底になっています。地元の商工会議所にはスモトルビジネスに関する様々な資料があり、ガレージから始まる起業を大切にする気風が横溢していました。

2. 資格取得の方法・時間・費用など

ビジネス法務や行政書士の資格を取った時は独学でした。予備校にも行かず、通勤電車の中や、土日・休日等の自宅での勉強で、運よく合格しました。

社労士を取るためにはさすがに受験専門の予備校に入りました。そこでは、土日、祝日、夏期、年末年始と休日はすべて予備校に通い、基本知識習得に特化した講義を受けました。しかし、会社は関連会社の社員を含めると4千人を超える規模でしたので、社員一人一人の担当業務は細分化され、また、会社独自の総務の制度が優先しており、例えば、日々の仕分伝票の整理から決算まで1人でするような、ＡｔｏＺの知識が必要ではなかったため、講義内容を実務に結びつけて理解することに大変な労力を要しました。

合格するまでには、周囲から、「もういいじゃないか、これまで会社にさんざん尽してきたんだから、ゆっくりしたら」「無駄なことはやめよう」と言われました。それは学習に行き詰った時の私の心のささやきでもありました。しかし、予備校で人生を掛けた受験生たちに囲まれ、「でもしか」が許される環境ではありませんでした。その意味でも、これから資格取得に挑戦する方には、受験予備校に通われることをお勧めします。

結局、資格を取るために要した費用は30万円ぐらいだったと記憶しています。合格の陰には、家族の存在があります。自分のやりたいようにさせてくれたことに深く感謝しています。そして、管理業務の実務経験を積ませてくれた会社にも、とても感謝しています。

3．資格取得のために工夫（努力）したこと

目指す資格取得を可能にしたのは、ひとつの目標に向かって、実現するまで努力し続けたことだと思います。人間は明確な目標を持つことにより、またその目標に対する意識が強ければ強いほど、すべての行動がその目標に向かって、実現のためのエネルギーとなって動き出すことを実感しました。

受験勉強の期間中、のんびりとくつろいだり、家でテレビを見たり、どこかへ遊びに行ったり、趣味に浸ったり、旅行をするなどの選択肢は全く考えられませんでした。とにかく、試験に受かることだけを第一優先に考え、個人生活のすべてを受験に傾注しました。

4．取得後の変化と行動

60歳で定年を迎えました。子会社や関連会社へ行く道も残されていましたが、独立を決意し、家族とも相談しました。友人や同僚からは、まだ勤める場所もあるのに、何もそんなに急いで独立することもないだろう、と忠告されましたが、私の決心は固く、社労士として生きてゆく道を選択しました。何よりもありがたかったのは、妻が

独立宣言を認め、私の好きにさせてくれたことです。

平成19年12月31日に定年退職し、翌日の平成20年1月1日に自宅で社労士事務所をスタートしました。まず、自分が住んでいる隣の駅で、駅前の商店街の駅寄りの店から飛び込みで営業をしましたが、まったく相手にされません。つくづく仕事を獲得することのむずかしさを知りました。営業は挫折の連続で、初めてスポットで1万円の手続き業務の仕事をいただくのに半年かかりました。

会社勤務の時は、お客様との会食の機会もあり、比較的高価な食事をすることもありましたが、独立して初めての報酬で食べたチェーン店の５００円天丼の美味を忘れることはできません。

やがて、所属している社労士協会からの紹介で、月に3～5日間、年金事務所でのアルバイトや、昔の友人からの相談等もあり、少しずつ仕事も増えてきました。

独立してから特に感じたことは、サラリーマン時代の考え方や行動を切り替えることが絶対に必要だということです。会社で働いている間は、事業主に比べれば責任感もそれほど強くなく、仕事のやり方についても、どこか甘さがありました。事業に生活と人生をかけた厳しさを仕事で真に理解するのに5年かかりました。

5. 具体的な業務の実例

社労士と行政書士の資格を生かし、日々業務に追われています。具体的事案は守秘義務が課されているためお伝えできませんが、現在、一般的な手続き業務の他に、特に、以下の業務を受任しています。業務に苦闘し、お客様の喜びに癒されながら明日に進んでいます。

(1)労働トラブル(特定社会保険労務士業務)

社会保険労務士の業務は、社会保険および労働保険の手続業務からコンサルティング業務に主流が移ってきています。特に、労働トラブルの専門家として、特定社会保険労務士制度が発足し、経営者または従業員の代理人として裁判前の解決に関与できるようになり、和解交渉のための交渉および和解契約の締結を業務として認められています。

社労士の中には、企業専門、労働者専門とフィールドを固定化している人も見受けられますが、私の場合は、事業主と労働者の両者から事案を受任しています。労働トラブルは、事業主にとっては人生をかけた事業の将来を左右しかねない問題であり、労働者にとっては生活がかかっているため、こじれると解決までにお互いの時間のロス、金銭、精神的負担は過大になりがちです。両者の社会的立場と主張の法的根拠を基に、主張は時には先鋭化しますが、経営者の判断が、お互いの歩み寄りの端緒になることを痛感しています。

(2)成年後見業務と障害年金業務（社会保険労務士業務）

埼玉県社会保険労務士会の成年後見部門である社労士成年後見センター埼玉の東埼玉支部長として、埼玉県南部（草加市、越谷市、春日部市、八潮市、吉川市、幸手市、三郷市等）を管轄し、地域に根ざした活動をしています。

成年後見業務は社労士の本来業務である年金業務と密接に関連しており、被後見人が気づいていなかった年金を探し出してあげることがあります。わずかな収入しかない孤老に、忘れた過去から、遺族年金や基礎年金を見つけてあげた時の達成感は非常に大きいです。月々3、4万円の年金が増えるだけでも、被後見人の生活の質は大きく好転します。

また、傷病により退職を余儀なくされ、健常者としての将来を閉ざされた勤労者は意外に多いのです。障害年金は八方塞がりの本人にとって一縷の生きる希望となるセーフティーネットであり、受給が決まり、依頼者の心底こみ上げる安堵感を共有できたときは、仕事冥利に尽きます。

(3)相続業務（行政書士）

相続業務の中で、時間がかかり正確な検証が必要な業務は、相続人の調査と確定です。たった一人の独身者の死亡から始まった戸籍追求の旅は全国に広がり、安政年間の戸籍までたどることもあります。戸籍には家族の物語が秘められ、思わぬ親族との巡り合いや対立の発端にもなりますが、当事者自身が、本来、相続は残された家族への故人の「思い」であることを理解されると合意形成が速やかに進む経験があります。

全員の署名押印が済んだ遺産分割協議書を手にして、初めて、長い手続き業務の終了を実感しています。

(4)外国人入管業務（東京入国管理局申請取次行政書士）

米国駐在員の時の多民族社会の経験から、査証を獲得する人々は、人種の違いはあっても皆平等である、という信条を基本に手続きを進めています。また、受注業務を、在留許可申請業務のみに限定せず、外国人は入国が認められると、日本社会の一員として権利、義務が発生し、まず、労働保険、社会保険が適用されるので、社労士としての資格を生かし、入管業務と切れ目なくワンストップで対応しています。

6. 資格を取って良かったこと

一番良かったことは、社労士や行政書士の仕事を通じて社会の役に立っている、という実感です。特に成年後見人の仕事などではより強く感じます。受任業務を終了し、報告した時の受話器の向こうの依頼主の晴れやかな声が、胸に痺れるような達成感となって伝わってきます。困難な事案ほど依頼主の喜びは大きく、そこからもたらされる達成感は何物にも替えがたい独立の醍醐味です。

企業に勤めていた時にも、大きな契約を取った時や、重要な業務を無事に完了したときなどには、結構大きな喜びを感じましたが、自分がすべての責任を持ってやり遂げた仕事の喜びは、それとは質が違います。達成感の積み重ねが自信になっています。

次に、ものの見方や考え方が以前とは違ってきたことです。法的な思考回路で論理的にものが考えられるようになり、判断力も強化されたと思います。いろいろな業務を通じて、さまざまな経験を積めば積むほど、新しい発見があり気づきがあります。多くのお客様との出会いもあります。そのような仕事の中から、思考力や判断力も鍛えられています。

今は感謝の心がより強くなってきています。まず、自由に独立させてくれ、ずっと見守ってくれている妻に対する感謝の気持ちです。2番目はこのような機会を与えてくれ、資格を取得するきっかけを作ってくれた会社に対してです。そして、私にお客様を紹介してくれたり、有益な情報を提供してくれたり、いろいろと協力してくれる先輩・友人・知人等の人間関係に対してです。

7. 資格ビジネスのポイント・アドバイス

資格を取ってビジネスを始めるに当たり、どれだけ真剣に取り組むか、という心構えが最も重要かもしれません。事業の大小にかかわらず、事業主は自分の経営そのものに大きな社会的責任を持っています。私たちのような専門職開業者もその一員であることに変わりはありません。依頼者は、相続や年金、労働トラブル等、自分の人生を懸けて扉をたたきます。
したがって、そのようなお客様に対応するためには、こちらも覚悟を決めて、真剣にやらなくてはいけません。本気で取り組まず、いい加減な片手間の仕事は必ず行き詰ります。事業主としての責任や厳しさを十分に自覚することが必要です。

8. 今後への取り組み・抱負

現在、独立してから7年目を迎え、ホームページや定期無料相談会等の情報提供により、幸いなことに地元の顧客も徐々に増えてきています。これからも初心を忘れずに、お客様のために働きお客様の安心を求めて、それを自分の喜びとしながら、真摯に業務を続けて行こうと考えています。

【備考】
□これまでの著作
(1)全国都道府県社労士会で使用する成年後見に関する教本（共著）

(2)日本法令から成年後見に関する共著本を出版
①『鈴木さんちの成年後見物語』(共著)
②『社労士のための成年後見実務』(共著)
(3)雑誌掲載
①『流通ネットワーキング』(外国人社員雇用の基本等)

□主な成年後見関連講師歴
(1)さわやか財団の市民成年後見人養成講座講師
(2)越谷市市民後見人養成講座講師
(3)社会保険労務士を対象にした成年後見人養成講座講師

―7―

（資格ビジネス事例３）

保護司として地域社会に貢献

並木勝利

資格：中小企業診断士、
保護司、警視庁委嘱少年補導員
所属：株式会社 並木鐵工所　代表取締役
住所：〒132-0025
東京都江戸川区松江 5-18-15
エピカリス ナミキ 105
TEL：03-3680-6161　　FAX：03-3680-6163
E-mail: ktsnamiki@deluxe.ocn.ne.jp
URL : http://epicharis.info/

はじめに

私は１９７７年に中小企業診断士の資格を取得していますが、会社の経営をしていたために、中小企業診断士あるいは経営コンサルタントとしては、ほとんど活動をしていません。そこで、ここでは、ボランティアの仕事ではありますが、保護司の活動について書いてみたいと思います。これは、定年後にはビジネスばかりでなく、このような人生もあるという事例でもあります。

1．保護司になろうと思った動機・その時の状況

保護司というのは資格ではありませんが、法務大臣が委嘱する更生保護のボランティアで、犯罪や非行を行なった人たちが再び罪を犯すことのないよう、その立直りを助けるとともに、犯罪予防など、安全・安心な地域社会づくりのために活動しています。

私は若い時から地元で小学校や中学校のＰＴＡ会長を長年務めており、そのような関係から、地域貢献には大きな関心を持っていました。そんな時に、先輩の保護司か

ら勧められて保護司として活動することを決心しました。当時は鉄工所の役員で47歳の時でした。

現在では江戸川区保護司会の葛西分区に所属し、4年前から分区長を務めています。葛西分区には50名の保護司が登録されていますが、平均年齢は60歳を超えていると思われ、そのうち約30%は女性です。ちなみに江戸川区全体では211名の定員に対して168名の保護司がおり、欠員確保のためのPR活動もしていますが不足しているのが現状です。

2. 保護司になるための方法・時間・費用など

保護司になるためには、以下の条件があります。

①社会的信望

社会的にも人間的にも信用があり、信頼されていること

②熱意と活動のための時間的余裕

この仕事に対する意欲があり、活動できる時間があること

③生活の安定
　ボランティア活動のため、安定した生活を営んでいること
④原則66歳以下の年齢（最初の委嘱時）
　任期は2年で76歳未満までは再任が可能となっている

　保護司になるための適性としては、いつでも自由に活動できることと、コミュニケーション能力のあることが要求され、カウンセリングやコーチングの経験があるとなお効果的です。また、対象者と向き合う心の姿勢も、注意すべき重要な要素です。また、注意事項としては、犯罪はもちろん、大きな交通違反を起こした人も保護司にはなれません。再任が認められないこともあります。

　保護司として適任と認められた場合は、居住地を管轄する保護観察所に配属され、地域の保護司組織（保護司会）に所属することになります。そして、年間3回は研修を受ける必要があります。保護司になるための特別の勉強や学習はいりませんし費用もかかりませんが、良い仕事をするためには経験が重要です。なお、この仕事に危険な要素はほとんどありません。

3. 保護司の基本的な仕事

(1)保護観察所の依頼を受けて行なう仕事
①保護観察になった人への助言や指導
②刑務所や少年院、矯正施設等に入っている人の出所後の生活環境の調整

(2)地域の保護司会の一員としての仕事
①地域での犯罪予防のための啓発・宣伝活動
②その他犯罪の予防のための自治体等関係機関・団体との連携・協力など

特に(1)の仕事では、保護観察中（仮釈放中）の対象者が、1人の市民として更生し、立ち直るためのお手伝いをすることです。このような対象者との面接は、観察官から保護司に依頼され、原則として保護司の自宅で毎月2回実施します。面接の時間は1回30分から1時間ですが、この面接の期間が1年から数年続くことがあります。1人の保護司は1カ月に平均2〜3人の対象者に対応します。

もう1つは出所後の生活環境の調整です。具体的には引受人の状況を確認すること

です。また、私にとっては、保護司会の運営も大事な仕事です。定期的に研修を企画したり、種々の会合を開催したり、地域の犯罪を予防するため、多くの地域関係者との協力も欠かせません。

4．具体的な業務の実例

保護司は、担当となった対象者と月に2回ほど面接をします。ほとんどが保護司の自宅で行ないます。対象者は、出所後の毎日の生活の報告や日常生活の中で困っていることなどの相談をします。

対象者が社会での立ち直りに最も大事なことは、学生であれば学校に通うこと、社会人であれば就職して職場で働くことです。また、罪を犯した時の友達や仲間と接触しないことも大切です。

これらのことは、「遵守事項通知書」の「一般遵守事項」と「特別遵守事項」に記載されており、本人はこれを読んで「誓約書」に記名および捺印（母印）をします。定期的に面接をし、遵守事項を守って生活をし、一定期間が経過すれば、保護観察は終了します。

この間、「転居または7日以上の旅行をするときは、あらかじめ、保護観察所の長の許可を受けること」以外は、日常生活にほとんど制限はありません。しかし、順調にできる人ばかりではありません。中には、面接に来なくなり、職場や学校もやめて連絡も取れなくなる人もいます。そして、最悪なことは、再び罪を犯し、刑務所や少年院に収容されてしまうことです。

このような場合には、私たち保護司は、無力感と共に責任を痛感します。もっと良い方法があったのではないか、もっと的確な助言や指導ができたのではないかと。出所後の立ち直りには、保護司以上に、親や家族の役割が大切です。親や家族と良好な関係にあれば、そもそも罪を犯すことも少ないし、立ち直りも早いと思います。

私たち保護司は、罪を犯した人の立ち直りのお手伝いの他に、犯罪予防や安全・安心な地域づくりのための活動も行なっています。毎年7月1日には全国規模で行なう「社会を明るくする運動」や、各地域で行なう「区民の集い」などを通じて広報活動を実施しています。この他にも学校との連携や、地域との連携にも力を入れています。これらの活動も大変重要であり、更に積極的に取り組んでいきたいと思っています。

5. 保護司をやって良かったこと

この仕事を始めて何よりも良かったことは、過ちを犯した人たちの立ち直りのお手伝いができたことです。このような業務を通じて地域のお役に立ち、対象者の人たちや関係者の皆さんからも喜ばれています。多くの人から喜ばれ、感謝されるほどうれしいことはありません。

多くの対象者も真剣に社会復帰を望んでいます。中には、所内で介護ヘルパーの資格を取得してきた人もいました。出所後すぐに就職し、職場で信頼され、自信を回復し、毎月の面接を続けるうちに、顔つきが明るくなっていくことが良くわかりました。そんな時は私自身も喜びと生きがいを感じます。

保護司会の運営に携わったことも良かったことの1つです。社会的にも認められ、信頼される仕事です。そのおかげで、また新しい人脈も広がりました。

6. 今後への取り組み・抱負

この仕事は75歳が定年です。ただし、任命月と誕生日によっては77歳まで務めることがあります。私もまだ元気で何年かは続けられそうですので、後任の保護司を育成して能力向上のお手伝いをするとともに、所属する組織をさらに充実させたいと願っています。

－8－

（資格ビジネス事例４）

中小企業の経営支援に生きがい

矢野峻行

資格：中小企業診断士　通訳案内士（英語）
経費管理修士
所属：経営コンサルタント事務所
アローズ・アソシエイツ（自営）
住所：〒 201-0005
東京都狛江市岩戸南 3-14-41
TEL：03-3430-0430
E-mail:：tyano.arrows@bird.ocn.ne.jp

1．資格を取ろうと思った動機・その時の状況

大学卒業後、大手の金融機関に勤務しましたが、主に国際関係の業務が長く、海外駐在等も経験しながら順調な社会人生活を送っていました。ところが、驚いたことに１９９８年、絶対に安泰だと信じていた会社が倒産し国有化されました。その時、部長職で54歳だった私は、すぐに別の勤務先を探して再就職しましたが、そこから新しい世界が始まりました。

その後数年間は、いくつかの企業で役員として勤務していたのですが、ある転職先で、すばらしい中小企業の経営者との出会いがありました。その経営者の能力や考え方に感動するとともに、中小企業なら自分の経験が活かせることに気付きました。また、中小企業の経営を支援することにも強い興味を覚えました。

この企業に出会う前に、勤務していたいくつかの企業で評価されたのは、本人の能力ではなく、過去の経歴や肩書ばかりでした。どの企業でも、それなりに努力して、与えられた職責を果たしましたが、それほど生きがいや満足感は感じませんでした。その頃、自分の経験や能力を存分に発揮して、やりがいのある仕事をするためには、何か資格が必要ではないかと考えました。

もう会社勤めでは定年間近の年ではありましたが、中小企業の経営を側面から支援し活性化することにより、中小企業の発展を通じて日本の経済成長にも多少は貢献できるのではないかと思い、中小企業診断士の資格を取ろうと決心しました。

2. 資格取得の方法・時間・費用など

中小企業診断士の資格を取得するために、勤務を続けながら、週末はＴＡＣという資格の専門学校に通いました。60歳を超していましたので、年を取ってからの勉強はなかなか厳しいものがあり、特に暗記力も落ちているので、1年目の試験は失敗しました。そして、2年目で一次試験に合格しましたが、二次試験は不合格となりました。

そこで私は、大学時代に卒業論文まで書いたのですが、経営学を勉強し直してみようと考え、思い切って勤めを辞め、法政大学大学院のビジネスコースに入学することにしました。そこには中小企業診断士の養成コースも併設されており、1年間フルタイムで学ぶことにより、資格も取れることになっています。

入学してみると、結構若い人が多く、いろいろな経歴の人たちがいました。自分が最年長でしたが、年は離れていても、全員が同じ目的をもって勉強しようという意欲にあふれており、年齢に関係なく、同じレベルでみんなと一緒に学びました。そこで若い仲間とも知り合い、貴重な人脈もできました。本当に、この大学院での1年間は、自分でも感心するほど真剣によく勉強しました。

こうして、64歳の時に念願の中小企業診断士の資格を取りました。時間も4年近くかかりましたが、費用の面では、学費だけでもTACが30万円、法政大学が２００万円になりました。しかし、この資格はお金では買えない貴重な財産になりました。

3. 資格取得のために工夫（努力）したこと

資格取得のための勉強方法などは前述のとおりですが、本気になって勉強することの重要性を確認しました。また、大学院のビジネスコースでは、実際に数社の中小企業の経営診断や改善提案を行ないましたが、それが経営コンサルタントとしての技術や能力を向上させるために大きな効果がありました。

診断チームのメンバーは年齢も経験も様々ですが、それぞれが過去の実務経験に基づいて経営環境を分析し、異業種からの視点や顧客の目から見た厳しい指摘等、新しい切り口からの提案を行ないます。それは診断対象企業にとっても、通常は考え付かない新鮮なアイデアであり、経営者には喜ばれました。

資格取得のためという訳ではありませんが、そのような他のメンバーの経験や提案からも大きな刺激を受け、チームとして対応することの効果やノウハウも同時に学べました。論理的な思考の上で多面的にものをみて、視点を変えて発想することは、経営コンサルタントにとっては必須のスキルですが、二次試験の問題を解くためにも役に立ちます。

4. 取得後の変化と行動

２０１１年4月、中小企業診断士として登録後、アローズ・アソシエイツという屋号で、個人事業主としてビジネスをスタートしました。当初は、親しい友人からの紹介や所属した中小企業診断士協会の会合等で人脈を拡げ、研修講師や地元の商工会からの経営相談、海外の調査事業等を行ないました。

ありがたいことに、卒業した法政大学大学院のビジネススクールからも要請があり、3年間お世話になりましたが、週2回ほど講師を務め、最後の1年は客員教授として迎えてくれました。また、企業の診断実習でも指導員として活動し、修士論文の相談も受けました。

独立した経営コンサルタントとして、上記のような活動をしていましたが、調査のために訪問したミャンマーで、現地でビジネスをしている大学時代の友人から、ミャンマー進出を計画している日本のある上場企業を紹介され、2年契約で進出支援をすることになりました。その企業の経営者と面接をした際に、その経営者が、私の銀行時代の上司と親しい関係であることがわかり、人脈や縁のありがたさを再認識しました。

5. 具体的な業務の実例

(1)研修講師
2015年の2月、故郷の甲府市役所の所員研修会で講師を務めました。研修会の講演テーマは「自治体の国際化とは」という内容でしたが、約200名が参加しました。この研修を受注した経緯は、高校の同級生が山梨県人会の事務局長だったことか

ら実現したものです。これも国家資格という誰もがわかる評価の物差しがあったからです。子供の時からお世話になった市役所に恩返しが出来ました。

(2)地元での経営相談

商工会からの依頼で、地元の居酒屋の経営相談を行ないました。経営の課題は売上向上と利益の増加でした。経営者と面談し、経営内容やその他の必要情報を収集してから、改善のための提案を行ないました。具体的な支援内容としては、月次決算のやりかた、他業種店との連携、客単価の考え方等を提案しました。また戦術として、メニューの書き方、表示の仕方、お酒についてもアドバイスしました。

このような支援をしてお店の業績を向上させ店主からも感謝されることは、中小企業診断士として商工会連合会に登録されたコンサルタントだからできる仕事です。この2〜3年、何件もこのような相談があり、喜んで対応しています。

6. 資格を取って良かったこと

何よりも、資格を取得して、自営で独立できたことが一番です。資格があるとそれだけで信用度が高まり、周囲からも客観的に評価されるようになりました。

この仕事は、自分の経験が役に立ちます。特に役に立つのは失敗や挫折の経験です。苦労したことも思い悩んだことも貴重な経験です。それに加えて、定年のない仕事ですから、自分が健康であれば、いつまでも仕事が続けられることに感謝しています。過去の成功体験を捨てて、新しい勉強を始め、出直すことができたことを喜んでいます。

7. 資格ビジネスのポイント・アドバイス

個人事業主として独立した今は、営業をするのも人脈が中心です。人脈を拡げ、幅広い層に営業できるように心がけています。そのために、中小企業診断士協会や所属する研究会、中小企業診断士が設立した企業や地域で経営診断を行なっているグループに参加しています。コンサルタントは、多くの人たちと情報交換し、交流することが極めて大切です。

時々は自分自身のSWOT分析をすることも重要です。自分の強み（S）や弱み（W）を抽出し、自分の得意な分野や優位性のある部分、あまり得意でない分野や、劣っている部分を客観的に見つめ直します。そして、外部環境としては、これからどんなビジネス機会（O）があるか、どんな脅威（T）があるかを考えて分析すると、自分の進むべき方向性が見えてきます。

8．今後への取り組み・抱負

所属している中小企業診断士の組織の中でも、やるべきことがたくさんあります。その1つは地域貢献です。地元の商工会議所や商工会を通じて、地域の中小企業の経営支援を続けていく予定です。また、海外展開支援もやっていきたいと思っています。豊富な海外での実務経験を活かして貢献できる機会があればこの上ない喜びであり、この道を選んだことが間違いでなかったと思っております。

－9－

（資格ビジネス事例５）

お客様のために多くの資格を活用

森田俊朗

資格：中小企業診断士、一級建築士、

マンション管理士、宅地建物取引士、

情報セキュリティアドミニストレータほか多数

所属：有限会社 森田経営設計　取締役社長

住所：〒 157-0064

東京都世田谷区給田 3-26-3-207

TEL：070-6431-7961

E-mail:：zwq11416@mbr.ocn.ne.jp

1. 資格を取ろうと思った動機・その時の状況

まずは自分の経歴から説明しておきます。私は１９９０年に某国立大学の理系を卒業して、大手金融機関に入行し、主に法人向け融資を担当してきました。１９９８年の経営破綻をきっかけに退職し、義父が経営していた都内の建築元請会社に3代目として入社しました。その時に、業務上の必要性から、建築関係の資格を数種類取得しました。その後、折からの不況で経営が悪化し回復も見込めないため、廃業も視野に資産処分を始めたところ、番頭格の取締役からMBOの話があり、「掃除」を済ませて全株式を譲渡し退任しました。

２００３年、銀行時代の業況不振先に対する与信管理の経験を買われて大手商社の子会社に入社したのち、課長になりました。そこでは総務・経理業務や法務全般、システム管理等も担当しました。すでに法務系の資格はいくつか持ち合わせていたので、システム系の資格にチャレンジし業務にも活用していました。

40歳を過ぎて総務・経理部長に昇格しましたが、弁護士を目指して法科大学院に入学しました。取引先のみならず自身の会社の業況不振に直面した経験を活かして、景気に翻弄されながら孤独な判断を迫られる、中小企業オーナーのワンストップの相談相手になれないか、当時はそのような方向に進むことを考えていました。

法科大学院の3年課程を修了したのち司法試験を受験しましたが、不合格となり司法浪人を始めました。一方、前後して大学時代の同級生との会話のなかで中小企業診断士の資格が話題となり、興味を覚えたのと司法試験より試験日が後に設定されていたことから、気分転換に受けてみることにしました。この時は何も勉強をしていませんでしたが、社会人時代の知識と経験で一次試験には合格しました。しかし、さすがに受験対策を何もしていなかったので二次試験はダメでした。

その後も司法浪人を続けていましたが、「大学院修了後5年以内に3回まで」という当時の法定の制限から、最後の司法試験に臨む時期を迎えました。このとき、この試験の「次のチャンス」はもう来ないこと、そして、試験を終えたのちは、合否の発表までの間「何もやることがない、何もやる気にならない」状況を招くこともまた、明らかでした。そこで、その期間の有効活用と司法試験撤退の際の選択肢を増やすことも考慮して、過去に手応えのあった中小企業診断士に再度、挑戦することを決意しました。

結局、弁護士の夢はひとまず措くことになりましたが、運よくその年に二次試験まで合格することができました。それまで中小企業診断士の活動を意識的に調べたことはありませんでしたが、情報を得るにつれ、この世界でやってみようかという気になりました。診断士仲間の言葉を借りれば、失礼ながら弁護士、公認会計士、税理士等の仕事の多くは過去の事象を議論するものであり、中小企業診断士の仕事は将来に新しい価値を創造する仕事ではないか、と考えています。

また、その対象とする範囲も限りなく広がっており、以前は弁護士として希望していた中小企業オーナーのワンストップの相談相手を、今度は経営コンサルタントとして目指す活動の楽しさも意識しています。

40歳を過ぎて司法試験を目指し、紆余曲折あって経営コンサルタントとして活動をはじめましたが、これまで仕事を続けてきた妻が生活面で支えてくれました。私は主夫業兼任で家庭を守りつつの生活でしたが、妻には大変感謝しています。

取得した資格の多くはこれまで経験した業務に直接関係するものですが、私的な興味で取ったものや、転職や独立を視野に取得したものも合わせると、別表のように30近くあります。取得したこれらの資格が自身の実務経験の裏打ちとして、あるいはクライアントの業務の理解の一助として、経営コンサルタント業の中で活用できれば良

資格名称 （未登録のものを含む）		資格取得の動機・背景		
		実務経験との関連性	転職・独立を視野に	私的な興味
建設・不動産	一級建築士	○		
	1級建築施工管理技士	○		
	宅地建物取引士	○		
	マンション管理士	○		
	管理業務主任者	○		
	測量士補	○		
	福祉住環境コーディネーター（2級）	○		
経営・会計・金融	中小企業診断士	○	○	
	建設業経理士（1級）	○	○	
	簿記検定（日商2級）	○	○	
	二級ファイナンシャル・プランニング技能士	○	○	
	一種外務員（日本証券業協会）	○	○	
	事業承継・M＆Aエキスパート	○		
	事業再生アドバイザー	○		
	事業再生士補	○		
法務・総務・システム	行政書士	○	○	
	ビジネス実務法務（2級）	○		
	第一種衛生管理者	○		
	情報セキュリティアドミニストレータ	○		
	基本情報技術者	○		
	初級システムアドミニストレータ	○		
	電気通信設備工事担任者（DD第三種）	○		
	甲種防火管理者	○		
	損害保険募集人	○		
その他	第三級アマチュア無線技士			○
	国内旅行業務取扱管理者			○
	危険物取扱者（乙種4類）		○	
	実用英語技能検定（2級）			○

いと考えています。

2. 資格取得の方法・時間・費用など

試験科目の中でも、もともと財務・会計、経営情報システム、運営管理等は実務経験があり、さらに経営法務では法科大学院での知識も加わったので、一次試験ではほとんど苦労しませんでした。二次試験では司法試験との作文の書き方の違いに戸惑いましたが、逆にその差を意識するようになって役に立っています。運よく幅広い実務経験を得ることができたこともあり独学で済みましたので、費用は受験用の書籍を中心に数万円程度でした。

3. 資格取得のために工夫（努力）したこと

ほとんど独学で専門校には行きませんでした。中小企業診断士に限らず試験に合格するために必要なことは、試験の傾向から離れた勉強は後回しにするということです。試験勉強は主に過去問集で、それをこなすなかで生じた疑問点や関連事項は参考書で確認しました。試験勉強は、試験日という締切りのある仕事だととらえて、まずは期限に間に合わせる意識が必要です。

また、合格者の中での成績の良否が将来に影響する資格は司法試験くらいのもので、高得点を取ることにこだわる意味もありません。出題されないような範囲の知識は合格後に学習しても遅くないのだと、割り切った方が良いでしょう。

4. 取得後の変化と行動

建設会社の資産処分の際に個人で引き取った子会社を、自分の名を冠した社名に変更して独立しました。本業はもちろん経営コンサルタントですが、過去の豊富な経験から、建設関係をはじめ不動産、金融、財務、法務、情報システムなどにも強みを持っています。

中小企業診断士協会では建設業の研究会に所属し、地域診断士会の多摩経営工房では商工会議所や商工会の支援業務で経営相談、補助金申請、経営計画作成等も引き受けています。さらに、商工会議所や協会支部内部のセミナー講師、大規模な調査業務の経験を得たほか、今後は創業セミナーを企画しています。

5．具体的な業務の実例

(1)中小企業の経営支援

商工会の紹介を受け、ある住宅リフォーム会社の経営相談を担当しました。社長は、大学の建築学科を卒業したのち大手ハウスメーカーに長く勤務され、一級建築士や福祉住環境コーディネーターの資格も保有されている方でした。

前職でこの地域を担当していた経験から土地勘があることや、目指しているビジネスモデルと地域の特性がマッチしたことから、当地での起業を決意したとのことでした。品質管理と顧客との信頼関係を深めるため、職人任せにせず一日一度は社員が現場に顔を出すことを心掛けており、地元の顧客の幅も広がって業績も伸び、創業期を順調に脱した状況でした。

そのような中で、今後の業容拡大に向けた大きな課題は、営業の新たな切り口探しと若手の現場監督の人材確保でした。営業面では、社長の資格を生かした耐震補強や在宅高齢者向けリフォームの提案が考えられました。いずれも公的な助成に適合するよう設計から関与することで付加価値を生み出すとともに、発注主にとっては費用の軽減が図れます。

また、人材確保については、新規学卒者の教育やベテランも対象に含めて募集の間口を広げること、M＆Aも選択肢になることを提案しました。これには、昨今建設業界全体の問題として従業者の減少や高齢化が進んでおり、人材の奪い合いが激化していることが背景にあります。さらに、両方の課題の対策として、自社ホームページの刷新を提案しました。

これらの提案には身に余る感謝の言葉をいただきましたが、このように自分の知識と経験からひねり出した知恵が依頼者の役に立つことは大変うれしいものです。当方より豊かな知識と経験を持つ方は社会に数多くいらっしゃいますが、とりわけ本件では、一級建築士と中小企業診断士の２つの資格者としての発言が説得力を増しているようにも思えます。他方で、その名に恥じないよう日々の情報収集は欠かせないものであり、身の引き締まる思いも感じています。

(2)セミナー講師

先の商工会とは別の商工会議所でセミナー講師の機会を得ました。経営計画の作成をテーマとする小規模事業者向けのものでした。小規模とはいえ一国一城の主として

長年、経営の経験を積んでこられた方を受講者に迎えるのですから、やはり身の引き締まる思いでした。社会が大きく変化する中で過去の経験を繰り返しているだけでは経営が続かないこと、自社の「強み」をさらに磨かなければならないことを理解してもらえるよう、準備には腐心しました。

セミナーを無事に終えた後日、商工会議所の担当者から連絡がありました。自社の経営計画を作成するに際して当方に相談したいという、セミナー受講者のご指名でした。自分の考えが伝わったことが実感できて苦労が報われました。

その企業は測量や地図のデータ処理を主業としており、訪問した折に当方が測量や情報処理の資格者でもあることを明らかにしたことが、親近感だけではなく、安心感にもつながっているようです。経営計画作成は現在進行中ですが、経営相談の依頼者、特に技術系の企業にとって特定の業界用語で意思疎通が図れることも重要で、資格で簡単に説明できることは有利だと感じています。

ほかにも、東京都中小企業診断士協会三多摩支部で診断士のスキルアップを目的としたセミナーの講師を担当しています。これは、業況不振企業向けの業務に従事していた経験をもとに、金融機関の視点を意識して経営改善計画を策定しようとするものです。また、当方の所属する（一社）多摩経営工房で受託した創業セミナーでは、行政書士受験や法科大学院で学んだ知識に当方の苦い実務経験も交えて、商取引など経営にまつわる一般的な法的実務の時間の講師を担当しています。

6. 資格を取って良かったこと

経営コンサルタントの仕事というのは間口が広いので、今までの経験がすべて役に立ちます。業種でいえば、製造業、小売業、建設業、サービス業、飲食業、病院・医療関係、介護関連、学校経営、自治体・公益法人、貿易業、運送業等々、すべての業種が対象です。

業務的には、創業・転業、生産管理、購買管理、販売管理、店舗施設管理、店舗運営、

商品管理、物流管理、マーケティング・営業、人事労務管理、人材育成、財務・経理、情報管理、海外進出、廃業・撤退、企業再生、企業買収等に至るまで、ほとんどすべての業務が経営支援の対象になっています。このように幅広く自由に活動できる資格はめったにありません。

7. 資格ビジネスのポイント・アドバイス

自分の実務経験を活かして、優位性の高い強みを最大に発揮して活動することが一番です。営業やプレゼン等をする場合は、必ず自分の得意分野を相手に伝えるようにしてください。「何でもできます」というのは、「何もできません」に近い言葉だと思って間違いありません。それから、経験談が自慢話にならないように注意してください。聞いている人は決して楽しくありません。

他方で、いったん仕事の相談があった場合には、どんなものであっても、簡単には断らないことが重要です。自分が得意でない業務の場合でもすぐには断らず、個人では対応できないが、専門家を交えて引き受けられることを提案してください。そのためには幅広い人脈の構築やネットワークがものをいいます。

また、いろいろな相談や問い合わせには、できるだけ早く返事をすることが信用を獲得する第一歩です。そのような対応が続くと、お客様も安心して、いつも相談してくれるようになります。仕事をいただくことができるのは、普段からのコミュニケーションと感謝の心です。特に地域の商工会議所や商工会の担当者とは、そのような信頼関係を築くことが重要です。

8. 今後への取り組み・抱負

私は自分の貴重な体験を活かして、それをお客様の役に立つように支援していきたいと思っています。特に、企業の敗戦処理に接した経験は、誰もができることではないので自分の強みの一つだと思っています。これから客観的に整理して、役に立てたいと考えています。この変化の速い現代では、陳腐化しやすい成功体験よりも失敗体験の分析の方が必ず役に立つと考えています。

― 10 ―

（資格ビジネス事例 6）

行政書士になって
前川孝親

資格：行政書士

所属：前川新宿事務所

住所：東京都新宿区北新宿１丁目８番地１０
　　　新宿司法書士会館３０３

TEL：03-6279-3919　FAX：03-6279-3926

URL：http//gyousei303.net

（前川新宿事務所で検索）

私は昭和30年生まれで、平成27年6月に誕生日を迎え還暦となりました。熊本で生まれ18歳で上京して40年以上が経過しました。子供も4人いて、可愛い孫も5人おります。皆元気でとても幸せな人生を送っております。そんな子や孫がいることも手伝い、60歳にはなりましたがすこぶる元気です。私だけではなく、周りの60歳台にも元気な方々がたくさんいます。

私が20~30歳代の頃には60歳といえば、ずいぶんお年寄りのイメージが強くありました。お勤めの方であれば、当時は55歳で定年を迎えすでに5年以上を経過しておりますし、金利も高かったために退職金などの預貯金で働かなくても、そんなに贅沢をしなければ悠々自適に晩節を過ごせたわけです。

企業戦士として第一戦で働いて来たわけですから退職後はのんびりとしたいと思われても何の不思議もありません。しかし、何もしないで社会と疎遠になってくると外的刺激が希薄になり、それなりに老けてくるのだと思います。

私の実家は農家です。先日、父親が卒寿を迎え御祝いに帰省しました。90歳となり、さすがにあちこち不具合があります。しかし身の回りのことはほとんど自分でできます。母が68歳で亡くなったのでそこからは自分のことは自分でやってきたことで現在まで頑張ってこれたのだと思います。

父はつい最近まで農作業に従事し、軽トラックも運転していました。今も時間があると畑に出ようとしますが、さすがに家族に止められ残念そうな顔をしています。

父親は専業農家ですから個人事業主です。60歳台には、それはそれは働き者でした。早朝から暗くなるまで働いていました。しかし少しも苦痛ではなかったんですね。自分の労働が対価として直ぐに顕れるからだと思います。


私は、学生時代から新宿で30年以上飲食業をしておりました。しかし、さすがに夜の仕事に疲れてきたのと、このまま人生で良いのかと考えるようになりました。

そこで何か資格を取ろうと思ったわけです。20年来知り合いの弁護士から行政書士になればとアドバイスを受け、50代半ばで行政書士試験合格を目指しました。目指したのはよしとしても、法律の知識はほとんどない状態からのスタートでした。

まず法律用語が分からないので覚えるところから始めなければなりませんでした。例えば、憲法、条約、法律、命令、条例など違いが曖昧にしか分からない程度ですから、その他も推して知るべしです。

行政書士試験は、憲法、民法、行政法（行政手続法、行政不服審査法、行政事件訴訟法などの総称）、国家賠償法、会社法、地方自治法などがあります。また足切りとして一般教養（政治、経済、文章理解など）があり、これがまた難しかったです。

法律は、ほとんど素人人間ですし、50歳代過ぎてからのスタートでしたから、受験に4年を費やし、やっと合格しました。インターネットで合格発表があり、自分の受験番号を見つけたときは、何とも嬉しかったですね。

現在は、北新宿で事務所を開き、開業4年目を迎えました。お陰様でいろいろな方からご紹介を受け、毎日忙しく、しかし楽しく仕事に励んでおります。

主たる業務は、交通事故被害者サポートです。自身の事故や、親族の高次脳機能障害などを経験し、知識の必要性を痛感したこともあり、興味があったからです。

例えば、自賠責保険が被害者の過失100％とし、支払をしなかった件など、念入りな調査をして相手方の過失を疎明し、約380万円の支払を受けることに成功したり、また、後遺障害が非該当というので、医師に意見書を書いてもらい、異議申し立てをして第12級に認定された(この方は総額で約800万円損害賠償額を得ています)

ことなど嬉しい成果を数多く残すことが出来ています。
とにかく人に喜んでもらって報酬にもなる、生きがい、やりがいをヒシヒシと感じております。後発だったのですが、行政書士になって本当に良かったと思っています。

60～70歳はまだまだ人生を折り返したばかりです。家の中に引っ込んではいられません。外に視野を広げアクティブで刺激のある生活をしたいものです。仕事だって、働く能力と気力があればバリバリできます。

望む職場が少ないのも事実ですから、起業するのも有効な方法だと思います。起業の情報はあちらこちらに溢れております。自分がどんなことをしたいのか目標がはっきりしたら、そのための情報を仕入れ起業に向けてまっしぐらです。また、創業支援などの補助金（返還不要）や低融資の制度もありますから利用できれば起業に向けて拍車が掛かるというものです。

付け加えれば、これらも行政書士の仕事の範疇です。

皆様がやりたいこと、興味のあることなど、やりがいのある仕事を模索していただき、その目標に向かって全力で突き進みましょう。社会にいつまでも関わって、老け込むのを予防しましょう。

— 11 —
本「出版物」の力
中本 繁実

中本繁実　発明学会会長就任＆出版記念パーティーにて（右・中本、左・原）

所属：一般社団法人 発明学会　会長

住所：〒 162-0055

東京都新宿区余丁町７番１号　発明学会ビル

TEL：03-5366-8811(代)

URL：http://www.hatsumei.or.jp

●中本繁実（なかもとしげみ）の紹介

1953年（昭和28年）長崎県西海市大瀬戸町生まれ。

長崎工業高校（定時制）卒、工学院大学工学部（2部）卒、1979年社団法人発明学会に入社し、現在は、会長。東京日曜発明学校 校長、初心者の隠れたアイデアを引き出す発明力、巧みな図解力、軽妙洒落な話力により、知的財産立国を目指す日本の発明最前線で活躍中。

工学院大学 非常勤講師、多摩美術大学 非常勤講師。家では、非常勤お父さん。

がくぶん通信講座「アイデア商品開発講座」主任講師。

著書に『成功する発明・知財ビジネス』（日本地域社会研究所）、『はじめの一歩一人で特許（実用新案・意匠・商標）の手続きをするならこの1冊　改訂版』（自由国民社）、『発明で一攫千金』（宝島社）など多数。

監修に『面白いほどよくわかる発明の世界史』（日本文芸社）などがある。

◆長崎県の実家は農業、7人兄弟の5番目

私は、長崎県の西彼杵（にしそのぎ）半島にある半農半魚の町、大瀬戸町に生まれました。海岸からはかなり離れた山手の戸数37戸の集落にある実家の家業は農業、7人兄弟の5番目（4男）として生を受けました。

農業は、現金収入が少なく、漁業の人と農業の人が物々交換をしていたのを覚えています。そんな環境でしたから、その地域の人は高校に進学するなどという意識は誰も持っていませんでした。仮に高校へ行くなら、定時制があたりまえでした。

家が貧乏でお金がなかったため、高校は定時制（長崎市内）で、大学は2部（東京都内）の夜間部で学びました。昼間働きながら、学費を稼ぎ、卒業しました。

◆学歴コンプレックスをバネにして

26歳のときに、発明学会に入社し、豊澤 豊雄先生（明治40年生まれ、発明学会の創設者）に出会いました。

そのころ、私は学歴コンプレックスで悩んでいました。

いつも、愚痴をこぼしていました。他の人は、愚痴を聞かされても、楽しくないですよね。すると、豊澤先生が、本を書くと、印税も入るし、世の中の人が勘違いしてくれるよ。……、といってくれました。

また、豊澤先生が本は簡単に書けるよ。……、というのです。私は、文章はとにかく苦手だったし、人前でしゃべることも得意じゃなく、ドキドキしてしまう性格でした。ところが、豊澤先生は、ほめ上手で、文章を書くこと、話すことを指導してくれました。「つぶし」がきくから、と、つまり、社会は学歴で評価をするところが多いけど、そのとき、学歴もコネもなく実力もない人が間違って仲間だ、と認めてもらうには、本を書くしかない、というわけです。

高校、大学で学んだことが技術系だったので、製図のことを知っていました。だから、製図の本『斜視図の描き方』(パワー社)を書きました。1冊目が30歳のときです。それがきっかけで工学院大学 専門学校の製図の先生になれました。

◆人脈づくりは飲み屋で、ノミニューケーションをしながら

本を14冊書いたころです。多摩美術大学の先生になれました。

豊澤先生の講演について行くうちに単独で話す機会を作ってくれました。カリキュラム編成の際に新しい講座が開かれて、その講師に招かれたのです。論文はなくても、

本をたくさん書いていたので功を奏しました。

工学院大学の先生になったときは、20冊を超えていました。学校の講義や講演のときは、ダジャレ（言葉遊び）がいっぱいです。たとえば、こんな感じです。

いきなりですが、学生に、初恋の温度は何度、と、問いかけます。初恋は1度だけです。だから、答えは1度です（笑）。

私は、元来が、気さくで人なつっこい性格です。だから、飲み屋で人の輪が広がっていきます。人脈づくりは飲み屋で、がモットーです。

私は、洒落も大好きですが、お酒も大好きです。最近、得意な場所は、神楽坂、新宿……、です。よろしくお願いします。

◆実績を築いていく

発明学会（会員組織）でのルーティン・ワークの他に、月曜日は、工学院大学、金曜日は多摩美術大学で教え、ときには講演など、忙しい一週間です。そんな中で、人とまめにつきあうのは簡単なことではありません。

もちろん、執筆は、アフターファイブ。ウーロン茶でごまかして上手にお酒を飲み、帰宅してから原稿を書いています。休みの日も休日返上です。

連載ものもかかえており、電車の中でも原稿を書いています。

有名な大学を出た人は、それだけで高い位置にいます。だから、同じラインに立つまでは、階段を何段も昇らなければならないのです。正直、キツイです。でも負けたくはありません。だから、これからも、本の出版という実績を築いていきます。現在の状況です。本は、50冊です。目標（年の数）までは、まだ、まだ、です。

●私の講演会「産業財産権と著作権」の一部を紹介

ここで、私の講演会の一部を紹介させてください。

これから、発明を楽しく、学んでいただきたいと思っています。

だから、というわけではないのですが、私の講演会は、恋愛のたとえばなし、楽しいダジャレ（言葉遊び）が頻繁に飛び出します。

それでは、講演会を開始します。楽しみながら、聞いて（読んで）ください。

よろしくお願いします。

◆「産業財産権（工業所有権）＋著作権＝知的財産権」って、何？

私「産業財産権（特許、実用新案、意匠、商標）」の自己紹介から聞いてください。みなさんとは、はじめましてです。私「産業財産権」は、みなさんの創作物を保護する人です。あなた「創作物」を一番大切にします。これから、「産業財産権」と、長いおつきあいになります。よろしくお願いします。

さて、私、産業財産権は、特許「技術（機能）的な発明」、意匠「物品の形状（デザイン）」、商標「商品の名前（ネーミング）、役務の名前（サービスマーク）」などを保護する人です。

ここで、私の大親友のお友達を紹介させてください。「著作権」です。

著作権は、文芸、学術、美術、音楽など、文化的なものを守る法律です。思想感情の表現を保護してくれます。著作権は、優しい人です。おつきあいするのに、お金もかかりません。それなのに頼りになります。よろしくお願いします。

著作権は、たとえば、ここに表現している内容を保護する人です。ここに表現されている内容は、筆者の中本繁実の著作権です。

著作権があるから、他の人（第三者）は、勝手に使うことはできないのです。「産業財産権」と「著作権」を合わせたものを「知的財産権（知的所有権）」と、いいます。法律的にいうと「無体財産権」のことです。形がない無形の財産ということです。

この知的財産権の言葉も、少し難しい感じがします。はじめての人は、言葉を聞いただけで、いやだあー、という人もいるかも知れません。

でも、そんなこと、いわないでくださいよ。そして、このページを飛ばさないでくださいね。本だけに本当にお願いします。

普通電車に乗って、ノンビリ、気持ちに余裕をもって、スタートしましょう。特行電車に乗ると、スピードは早いと思います。だけど、駅（利益）を飛ばしてしまいますよ。

◆楽しい将来のために、メモを取っておこう

今日から、「産業財産権」と「著作権」、楽しいおつきあいをスタートします。お互いに、得意な分野も同じです。好意をもっています。だから、近い将来、相思相愛になれると思います。期待していますよ。

2人が恋をして、デートをするようになりました。いつも、会話が楽しいでしょう。

笑顔で、将来の夢を語り合うでしょう。

２人だけのルールを決めて、いろいろな約束をすると思います。そのとき、メモを取っておくといいですよ。そして、〇〇年〇〇月〇〇日に約束したことを忘れないように残しておいてください。

たとえば、デートをしているとき、ささいなことでケンカをするときもあるでしょう。そういうときって、その雰囲気がまずい、と思いながらも、仲直りのタイミングがつかめなくて、２人は困っています。

いま、２人は、気持ちに余裕がないでしょう。だから、ムリですよね。それを助けてくれるのが、前向きなことを書いているメモです。いい意味で仲直りのツールとして使えるかも知れませんよ。

だって、いつまでも意地をはっていても、いいことなんてありませんよ。ここは素直になりましょう。ゴメンナサイ、といいましょう。それが1番です。楽しいことも、嬉しいことも、悲しいことも、苦しいことも、たくさん、経験をしてください。

毎日、いいことばかりを期待しても、上手くいきません。でも、プラス発想をしている、あなたを見ていますよ。だからこそ、この人なら大丈夫、結婚したい、と思うようになるのです。だから、「産業財産権」も、「著作権」も大切です。恋人同士だった「産業財産権」と「著作権」が結婚すると夫婦「知的財産権」になる、ということです。

◆特許、意匠などの「産業財産権」

権利を取るためには、どうすればいいのですか。

特許、意匠などの産業財産権を取るためには、特許庁（〒100‐8915　東京都千代田区霞が関3‐4‐3）に手続きが必要です。

A4サイズの用紙に、創作物の内容を形式にまとめた書類を提出します。

それから、審査「形式の審査、内容の審査」をして、登録になって、はじめて権利が発生するのです。

著作権の権利は、自然に発生します。手続きは不要です。

ここで、簡単にまとめてしまうと、「特許、意匠などの産業財産権」は、登録する。

「著作権」は、登録しない。……、の違いです。

著作権は、無登録です。だから、いつでも、○○の創作物は、○○年○○月○○日に考えました。……、といえるのです。

その結果、一般的に、小説家、漫画家の人には財をなす人が多いといわれています。創作物が公表されたとたんに、でき、ふでき、に関係なく著作権が発生しているからです。しかも、著作権は、本人の死後50年間存続します。映画は、公表後70年です。だから、その創作物が、いつ、どこで、世に出ようとも、その印税（著作権料）が入ってくるのです。

◆時間がない、といって、30万円も、50万円も使っても

技術系の人は、毎日、会社の仕事の中で、新しい製品の開発をしています。小さな発明、大きな発明をしています。だけど、そのことを本人は気がついていないのです。

特許の出願の手続きのしかたを知っていても、毎日の仕事が忙しくて、出願をしないケースが多いのかも知れません。

でも、仕事が忙しい、今日も残業、といって、いつも彼女（彼）のことを大切にしていないとマジにダメになりますよ。

ここは、「イエローカード」の注意です。お互いに気をつけましょうね。

時間がない、といって、特許の出願をプロにお願いすると、手数料が、30万円も、50万円もかかりますよ。いま、お金、そんな余裕がありますか。

あなたは、1回のデート代に、30万円も、50万円も、使いますか。そのとき（数時間）は、贅沢ができて、楽しいでしょう。だけど、これから、日々の生活を楽しく過ごすことを考えてください。ムリをして、お金を使うと、毎月の生活費が不安で、信頼できなくてきて、ついてきてくれませんよ。

◆費用は、所定額の特許印紙代だけで出願できる

ここで、自分で、特許の書類が書けるようになりましょう。費用は、所定額の特許印紙代だけですみます。

自分で発明したものは、あなたが責任をもって、出願して、形「商品」にできるように育ててあげましょう。頼もしい人は、モテます。

誰でも、自分の子どもを育てるのに、いっぱい、いっぱいですよ。

特許などの知的財産権の手続きをしなければ、数カ月後、あるいは、数年後に形「商品」になった、といっても、ロイヤリティ（特許の実施料）はもらえません。それで

は、一生懸命がんばったのに、くやしいじゃないですか。

だまっていたら、近い将来、彼女（彼）は、他の人と結婚してしまいますよ。

学校を卒業して、数年後に、同窓会であったとき、私は、○○さんと、結婚したのよ、と、いわれたら、どうしますか。

好きな人がいたら、ラブレターを書いてください。あなたが大好きです。……、と表現してください。それを、伝えておかないといけませんよ。……、ということです。

◆「産業財産権」と「著作権」の守備範囲は

ここで、少し話を整理してみましょう。

産業財産権「特許、実用新案、意匠、商標」も、著作権も、それぞれ守備範囲があります。創作したもののすべてを、特許だけで、まもってくれるわけではないのです。著作権だけで、まもってくれるわけではないのです。

たとえば、私は、○○年○○月○○日に、○○の発明を○○学会の雑誌で発表しました。それで、○○は、すでに著作権になっています。だから、特許に出願しなくても大丈夫です、といって、そのままにしないでくださいね。

特許と著作権は、別々の権利です。特許は、特許庁に、手続が必要です。商品の名前（ネーミング）もそうです。

特許に出願すれば、名前も一緒に保護されると思わないでくださいね。商品の名前（ネーミング）は、商標に出願しないと、権利はもらえないのです。

参考文献は、拙著『成功する発明・知財ビジネス』（日本地域社会研究所）、『知的財産権は誰でもとれる』（日本地域社会研究所）などがあります。

●発明学会（会員組織）の紹介

特許出願やアイデアを企業に結びつけて商品化するための指導、支援には62年の歴史がありますす

日曜発明学校を各地で開催、また、発明展、発明コンクールなどを随時開催しています。

発明学会会員（個人会員）になるには、入会金1万円、年会費８０００円が必要です。会員は、手紙、または、面接（予約が必要）で発明の相談ができます。

一般の人（非会員）は、手紙、または、面接で1回（1件）、無料で体験相談が受けられます。

面接を希望する場合は、電話で予約してください。郵便の場合は、返信手数料（92円切手×6枚）と発明の内容がわかる図面（試作品の写真）、説明書を同封して、発明学会「1回（1件）」体験相談係」あてに郵送してください。

〒162-0055東京都新宿区余丁町7番1号　発明学会ビル

一般社団法人 発明学会

TEL（03）5366-8811(代)

発明学会ホームページ　www：//hatsumei.or.jp

●私があなたの作品を拝見して、商品化へのアドバイスをします

読者の作品が商品化に結びすくように、企業への売り込み（プレゼン）の仕方などのアドバイスをしています。

これは、読者に対するサービスです。気軽に相談してください。

相談は、A4サイズの用紙を使用し、パソコン（ワード）、または、丁寧（ていねい）な字で書いてください。原稿はかならずコピーを取ってから送ってください。

返信用の封書には、返信切手を貼付、郵便番号、住所、氏名、電話番号を書き、作品の明細書、図面（説明図）を同封して送付してください。

相談「1回（1件）」体験相談係」の費用は、返信用とは別に、92円切手×6枚（事務処理費用）を添えてください。本書名を書き、読後の感想も添えていただけると嬉しいです。

〒162‐0055 東京都新宿区余丁町7番1号

一般社団法人 発明学会 気付 中本 繁実あて

第四章　資格を取って元気に働こう

徳久日出一

1．資格取得のすすめ

□自分に対する自信

なぜ資格を取るのか考えてみましょう。後から詳しく説明しますが、資格の種類は驚くほど多く、その内容もさまざまです。比較的簡単に取れる資格もあれば、数年勉強してもなかなか取りにくい難しい資格もあります。結論から言えば、自分がやりたいと考えている仕事に役立つ資格であれば、できるだけ取得した方が良いということです。そうは言っても、資格を取るためには、一般的に、ある程度の時間と費用が掛かります。これを自分に対する先行投資と考えてはいかがでしょうか。

世の中には、資格マニアといわれる人もおり、取れる資格なら何でも、できるだけ多く取得することを生きがいとしています。資格を取ることによって、自己満足することが目的であれば、それはそれで結構なことだと思いますが、仕事に活用するためなら、本当に必要な資格だけを取得すれば良い訳です。その資格を取ることによって、資格を取るために勉強したことが仕事の役に立つと同時に、資格を取得できたという結果が大きな自信になることは間違いありません。

□目的・目標を持つ

ある程度の年齢になってから、または定年退職後に何か仕事を始めたいと思ったときは、まず目的と目標を明確にするべきです。自分が何の仕事をやりたいのか、何のためにその仕事をするのか、自分には何ができるのか、また、仕事をすることによって、どのぐらいの収入が必要なのか、自分自身でじっくり考えてみると良いと思います。

今までの人生における知識や経験を活かして、何か世の中の役に立てることがないか。自分の趣味や特技等から考えられる仕事はないだろうか。自分の年齢や家族構成、家族の健康状態、地域の生活環境、交友関係等も考慮して、これからの10年、20年をどう過ごすのか。第二の人生を生きていくための目的を明確にすることから始めたいものです。

目的がはっきりしてきたら、次はその目的を達成するための具体的な目標を設定します。資格を取るということは、その具体的な目標の1つでもあります。資格を取得することは直接の目的ではなく、何かをするための、あるいは、自分の立てた目的を実現するための1つの目標として、どのような資格を狙うかを考えれば良いと思います。

□人生の張り合い

人間は目的や目標を設定することによって、それを叶えたいという意欲が湧いてきます。明確な目的や目標を持ち、それを心に強く刻み付けるとき、心の働きによって集中力が高まるとともに、その目的や目標を達成するための知恵やエネルギーが出てきます。心理学者によると、目的や目標を設定したとき、それが具体的であればあるほど、潜在能力が発揮され、実現の可能性が高くなるといわれています。

第二の人生をどのように設計するのか。どんな目的をもって何を目指すのか。その目的を叶えるために必要な条件は何か。どのような環境が望ましいか。考えれば考えるほど、いろいろな知恵やアイデアが湧いてきて、想像を逞しくします。多くの選択肢の中から、実現可能な具体案や対応策を選びだし、可能性の高いものから優先順位を付けて実行すれば良いのです。資格を取ることは、言うまでもなく明確な目標です。自分の目的を叶えるための、効果的な目標の1つとして考えてください。

ここまで考えがまとまり、何かの資格を取るという目標が設定できたら、次はその目標を達成するための手段を考えることです。その資格を取るためには、いつ、どこで何をすれば良いか。どんな知識や条件が必要か。自分が望む資格に関するあらゆる情報を収集し、どうすれば取得できるかを調査し検討しなければなりません。その後から、具体的な行動に着手することになります。

このようなことを計画し実行することは、第二の人生に対する期待感を醸成し、将来の豊かな夢を育むことになります。それらの夢やビジョンを描くことによって、明るく張り合いのある余生を送ることができるでしょう。

□世の中や人の役に立つ

資格を取って何か仕事を始めると、業種や規模にかかわらず、誰かしらの役に立っていることに気が付きます。どんなに小さな仕事であっても、必ず世の中のためになっていて、誰かの役に立っているはずです。人の役に立つ仕事をすることは、その対象者にも喜ばれるとともに、そのことによって自分自身も喜びを感じます。人間は喜んで楽しく仕事をすると、ほとんどストレスを感じないので精神衛生上も効果があり、心が穏やかになり健康的にも良い影響を与えます。私自身も独立してから体調を崩したことがありません。

読者の中には、若い時分から会社や役所等に勤め、上司や上役にあれこれ指示されて働いてこられた方も多いでしょう。仕事も自分の思うようにはならず、また人知れず苦労や悩みも多く、ストレスの多い人生を過ごされてきた方も少なくないと思われます。もちろん、その結果多くの知識や技術を身に着け、豊富な経験を積んで人生を楽しんでこられた方もおられましょう。

しかし、第二の人生では、人の役に立つことを前提に考えたいものです。京セラや第二電電を創立し、日本航空を再建した名経営者の稲盛和夫氏は、ビジネスの世界でも、相手の心を思いやる「利他」の心が大切であり、そのような考え方が経営には重要であると語っています。これからの新しい人生では、どんなに小さくとも、資格を活かして人の役に立つ仕事をやりたいものです。それが自分の生きがいでもあり、幸せな人生を築く秘訣でもあります。

2. 資格取得のメリット

□社会的な信用

資格を持っていると、一般的にはそれだけで信用されます。コンサルタントが良い例です。世間にはコンサルタントと称する職業についている人が大勢います。一口にコンサルタントと言っても、経営コンサルタントをはじめ、財務、ファイナンス、年金、保険等の金融系、技術、調達、在庫等の製造系、営業、マーケティング、販促、店舗運営等の商業・サービス系、人事や教育系、ＩＴや情報系、その他、医療、健康、美容、建築、設計、不動産、飲食、旅行、宿泊、娯楽、風俗等々、すべての業界に多くのコンサルタントが存在しています。

中には自称コンサルタントも多く、コンサルタントというと胡散臭くみられることもあります。業界によっては、実際にそのような胡散臭いコンサルタントが結構幅を利かしているところもあります。しかし、どの分野でも、その業界における専門職として何か特殊な資格を持っていると、それだけで信用されることは間違いありません。

コンサルタントという職業は、特に資格がなくても、専門の知識や経験があれば十分にやっていける仕事であり、何の資格を持っていなくても、業界で活躍されている有名な方も多くおられます。しかし、業務によっては、特定の資格がなければできない業界もありますし、何らかの資格を取得していると有利になります。

□独占的な業務に従事

経営コンサルタントは特に資格がなくても仕事をすることができますが、会計事務所における会計監査や、人事労務管理における社会保険事務手続きなど、特定の業務については、公認会計士や社会保険労務士などの資格がなければ取り扱えない業務もあります。弁護士、司法書士、行政書士、税理士、不動産鑑定士、建築士、薬剤師等の資格も同様で、そのような独占的な業務をすることが可能な資格です。

したがって、右記のように、所有していなければ対応できない業務を独占的に扱える資格は、概して取得のハードルも低くはありません。しかし、一旦取ってしまえば再就職や転職のチャンスも多く、資格によっては独立もしやすくなります。社会保険労務士、行政書士、税理士、弁理士等、資格によっては、会社で働いていた時の経験を活かして、比較的容易に取得できるものもあります。

そのほか、独占資格ではありませんが、事業所に有資格者を置くことが法令で定められている資格として、宅地建物取引士、高圧ガス製造保安責任者、危険物取扱主任者、旅行業務取扱管理者等の資格があります。このような資格を所有すると、新しい事業所などに就職するチャンスが広がります。また、販売士、技術士、栄養士、調理師、技能士、情報処理技術者、ホームヘルパーなどの資格は、専門的な知識や技能を証明する資格であり、所有していない人が勝手に名乗ることはできません。

□仕事を始めるきっかけづくり

定年退職後、なにか仕事を始めたいと思った時に、資格を持っていると仕事が始めやすくなります。もちろん、今まで働いてきた業界での経験が長く、多くの知識や技術があり、その関連業界で豊富な人脈等がある場合には、別に資格なんかなくても、いつでも独立することは可能だと思います。それでも資格があればさらに有利であるばかりか、信用度もかなり違ってくるはずです。

資格を取るのは、仕事を辞めて退職金や失業保険をもらっているときがチャンスです。自由に使える資金がある間に、自分への先行投資として新しい学問や資格に挑戦し、未知の世界への扉を開くための勇気を振り絞ってください。何を始めようか、と考えたときに、資格を持っていれば、まずはその資格を活用して新しい仕事を始めてみようか、というきっかけにもなります。

ただし、資格を取っただけで安心してはいけません。資格を取るということは、その専門とする業界でのスタート地点に立ったに過ぎません。資格を取った日が、新しい世界へ飛び込む第一歩である、と思ってください。そこからの努力次第で、プロの専門家として生きていかれるかどうかが問われます。

グローバルに情報が飛び交う、この激しい変化の時代を生きぬくためには、新しい技術や情報等に、常にタイムリーに対応していないと、ガラパゴス島に置いていかれてしまうことは明白です。新規のシステムや技術革新は日進月歩であり、資格を取れば取ったで、その道のプロになるためには時代の流れに合流しつつ、地道な努力と弛まぬ学習を続けなければなりません。

□人脈形成による新たな出会い

資格試験に合格すると、それを管轄する組織によって正式に登録され、その資格所有者が所属する協会等に加入するので、その内部での活動に参加することができます。それによって新しい人脈が広がります。私の場合は、１９９９年に中小企業診断士試験に合格し、２０００年に経済産業省に登録されると同時に、社団法人中小企業診断協会に入会しました。私はその協会の中で、国際部の活動や各種のイベントに積極的に参加し、徐々に人脈を広げて行きました。

そのように人脈を形成することで、知り合った人たちから仕事の協力要請や依頼があり、また、協会や研究会を通じて新しい業務を紹介され、プロジェクトを立ち上げるような機会も増えました。そのうち、他の士業との交流や大学の校友会の集まり、趣味の会や食事会、懇親会など、いろいろな会合に参加しているうちに、さまざまなネットワークが形成されてきました。

いろいろな会合に参加することは、新しい出会いを生み、出会った人々から多くのご縁をいただき、人生を楽しく豊かなものにしてくれます。そのような仲間からは、いつもかけがえのない学びや強い絆を与えられています。まさに人脈は宝庫であり、新しい業務のきっかけを生み出す泉のようです。

3. 資格の種類

資格にはいろいろな分野ごとにさまざまなものがあり、自分の持っている過去の技術や経験が活かせるものや、趣味や嗜好に対応できるものなどもあります。以下、各分野に分けて主な資格を紹介しますので、興味のある資格がありましたら、資格を管理している組織や団体、あるいは資格受験専門学校等で詳しくお調べください（インターネットサイト：資格.comより引用）。

□経営全般に関連した資格

●中小企業診断士

経営コンサルタントとして唯一の国家資格。中小企業や小規模事業者・零細企業の経営診断・改善、経営革新、経営計画策定、経営戦略立案、生産管理、マーケティング、情報管理など、経営全般の支援業務を行なう。

●社会保険労務士（社労士）

企業の人事・労務管理全般を業務対象として、就業規則や給与システムの作成、社会保険関係の関連書類の作成、所轄する監督署への提出書類の作成やアドバイス等を行なう。

●行政書士

企業や個人を対象として、行政機関や官公庁（署）の許認可申請書類、各種契約書、遺言書等の作成や相談、代理申請業務等を行なう。

●司法書士
日常生活に関する法律事務の専門家として、会社の設立や不動産の購入等に必要な登記手続き、書類の作成のほか、簡易裁判所訴訟の代理を行なう。
●公認会計士
企業の監査、税務、経営コンサルティングが主要業務であるが、中でも財務諸表を調査し証明する監査業務は公認会計士の独占業務である。
●税理士
企業や個人の税務管理、会計管理とそれに関するコンサルティングが主要業務。中でも確定申告等の税務業務は独占業務である。
●弁理士
特許権、実用新案権、意匠権、商標権の四つの産業財産権の申請を代行するのが主要な業務で、それに関するコンサルティングも行なう。
●通関士
税関での輸出入に関する関連書類の作成や交渉等、通関手続き全般を行なう。貿易業務に関する唯一の国家資格である。

●ファイナンシャル・プランナー（FP技能士）
個人の資産運用のアドバイザーとして、家計にかかわる金融、税制、不動産、住宅ローン、保険、教育資金、年金制度等の知識を活用して、依頼人の総合的な資産管理や資産設計を行なう。
●その他
ビジネスに関連した資格は多く、右記の他にも、気象予報士、技術士、危険物取扱者、衛生管理者、ボイラー技士、電気工事士、コンクリート技士・診断士、環境プランナー、販売士、キャリアコンサルタント、キャリアカウンセラー、消費生活アドバイザー、証券アナリスト等がある。

□不動産関連の資格

●宅地建物取引士
「宅建」の略称で知られ、不動産関連の公正な取り引きを行なうため、不動産の売買や賃貸借契約には必須の資格。
●マンション管理士

マンション管理組合の運営、建物構造上の技術的問題等の相談やアドバイスを行なう専門家。

●土地家屋調査士
土地に関わる調査や測量、申請手続きや不動産の表示に関する登録手続き等を行なう専門家。

●不動産鑑定士
土地や建物の価値の評価、不動産の活用方法や税務対策についてのコンサルティング等を行なう専門家。

●管理業務主任者
マンション管理業を行なう事業所には、最低一名以上はいなければならない必須の資格。

□建築、設計、内装関連の資格

●建築士
建築物の設計や工事監理等を行なう技術者の国家資格。扱える建築物の種類により、一級、二級、木造に分けられている。

●建築施工管理技士
建築現場の管理者として、円滑な施工や工事水準の品質向上を図るために必要な技術力と管理能力を認める国家資格。

●測量士・測量士補
都市開発等の公共事業や建築現場等、土木・建築工事には必要不可欠な専門技術者。

●管工事施工管理技士
住宅やビルの建築に必要な、ガス配管、上下水道管等の「管」に関する工事を管理・監督する国家資格。

●土木施工管理技士
河川や道路、ダムや橋等の土木工事の現場で、安全性と品質を確保するため、工事全体の管理・監督を行なう、土木関係の営業所には必須の資格。

●造園施工管理技士
屋上緑化、公園・庭園・道路緑化工事等の都市環境整備のため、適切な造園工事を施工する技術管理者。

●インテリアコーディネーター

快適な居住空間を創造するため、そこにふさわしい家具や照明、インテリア小物等を選択し、「空間」、「人」、「モノ」を調和させる専門家。

●福祉住環境コーディネーター

高齢者や障害者が安全で快適な生活を過ごせるように、生活全般の環境を提案するアドバイザー。

●その他

建築・設計関係の資格やスキルとして、ほかにCAD、製図、設計、トレース、パース、住宅模型・建築模型等の技術者や、収納アドバイザー、家具・証明・インテリア・空間デザイナー等がある。

□医療、福祉、介護、保育に関する資格

●介護職員初任者（ホームヘルパー二級）

在宅・施設を問わず、介護職として働く上で、基本となる知識や技術を所有。介

護の仕事を始めるにあたっての入門資格。

●医療事務

病院や診療所等の医療の現場で、受付窓口やカルテ管理、健康保険点数の算出、医療保険の支払機関に提出する診療報酬明細書（レセプト）の作成等を行なう。

●介護福祉士

自力で日常生活を営むことが困難な老人や障害者をサポートする専門職で、身の回りの世話をし、介護者に対してアドバイスを行なう。

●保育士

働く親から子供を預かり、親の代わりに保育する仕事。平均勤務時間が長いので、子供好きでしかも責任感や行動力、体力が必要とされる。

●介護事務（ケアア・クラーク）

介護保険請求事務と呼ばれ、介護報酬を利用者および市町村それぞれに請求する仕事。民間の団体により認定される資格。

●調剤事務

調剤薬局で受付や会計業務、薬剤師の調剤補助を行なうとともに、薬歴管理や薬品の在庫管理等を行なう。

●歯科助手

歯科医師の助手として、治療以外の歯科業務全般を担当するとともに、歯科医師の診療行為をサポートする。

●社会福祉士

日常生活を営むのに支障のある高齢者や、心身に障害を持った人に対して、福祉に関する相談や指導、援助を行なう。

●その他

医療、福祉、介護、保育に関する資格は、今後ますます必要性が高まるため、以下のような多くの資格がある。ケアマネジャー（介護支援専門員）、精神保健福祉士、チャイルドマインダー、ベビーシッター、看護助手、養護教諭、手話通訳士、特定保健指導員、作業療法士、理学療法士、言語聴覚士、臨床検査技師等。

□健康・癒し関連の資格

●整体師

患者の全身の筋肉やツボを刺激し、血液やリンパ、神経系統の流れを回復し、骨格のゆがみを直したり、身体の均衡を取ることによって、体調を回復させ健康増進を図る。

●鍼灸師

生活習慣病や事故の後遺症等の治療で患者の患部を鍼や灸などを使って刺激し、治療を行なう国家資格。

●あん摩マッサージ指圧師

筋肉やツボのマッサージや指圧により、患者の全身や患部の痛みを和らげ、疲労を回復させ心身をリフレッシュさせる技術の国家資格。

●柔道整復師

ほねつぎ、接骨師、整骨師として、打撲やねんざ、骨折、脱臼等のけがの施術・治療を行なう国家資格。

●カイロプラクター

背骨や骨盤等の矯正を通じて神経やリンパ等の働きを調整し、運動機能や内臓機能を正常な状態に回復するための治療を行なう。

●心理カウンセラー
社会生活の中で、人間が抱える悩みやストレスを解決するための相談相手としてカウンセリングを行なう。
●メンタルヘルス・カウンセラー
主に職場におけるストレスが原因で、ウツ状態になったり、休職や退職する人を防止するため、カウンセリングを通じて心のケアを行なう。
●アロマテラピスト
植物から抽出した精油を用いて、香りの効果により患者の疲労を癒し心身の不調を改善する専門家。
●カラーセラピスト
色彩が人間の心と体にもたらす生理的・心理的効果を利用して、心身のバランスを整える色彩療法の専門家。
●産業カウンセラー
産業心理学に基づき、職場での心理的な悩みや人間関係の問題、従業員のメンタルヘルス等を総合的にケアする。

●臨床心理士
臨床心理学の知識や技術を用いて、悩み抱えている人の相談にのったり、解決に導くために行動する。
●ペットロス・カウンセラー
ペットを失い、その悲しみから深く落ち込んだり、精神的に病んでしまった飼い主に対処し、カウンセリングを行なう。
●その他
健康や癒しの関連では、直接、身体に触れて治療するリフレクソロジー、リンパドレナージュ、ベビーマッサージ、アーユルベーダ、タイ古式マッサージ、ロミロミ、フットケア等がある。また、心理的な療法を行うものとして、ＮＬＰ（神経言語プログラミング）、認定心理士、学校心理士等がある。

□旅行や観光に関する資格

●旅行業務取扱管理者
旅行業務に関する取引の公正を確保するため、旅行取引に関する管理と監督を行なう。旅行代理店には最低1名以上が必須の資格。

●ツアーコンダクター（旅程管理主任者）

パッケージツアー等に添乗員として同行し、プラン通りにツアーを履行し、旅行中の安全と適切な運営を管理する。

●観光士

ツアープログラムの作成、新たな観光メニューの開発、地域の観光資源の発掘・活用等を行なう。

●ツアーガイド

旅程管理主任者の資格を持ち、日本の文化・歴史・地理の知識と言語能力を活用して、外国人旅行者の案内とサポートを行なう。

●通訳案内士

外国人に付き添い、外国語を使用してビジネスの通訳や、視察・観光旅行等の案内を行なう。

●その他

旅行や観光に関する資格として、航空会社のキャビン・アテンダントやホテルのクラーク等がある。また、日本で合法化の議論があるカジノが解禁されると、カジノディーラー等の需要も生まれる。

□ペットや植物関連の資格

●動物介護士

動物の病気から健康管理、食生活、しつけ、トリミング等、幅広い知識とスキルで動物の世話をする。

●動物看護士

ペットの診療や治療のアシスタント、入院中のペットの看護、散歩からペットクリニックの事務・管理、飼い主への飼育・衛生指導等を行なう。

●動物訓練士

動物の能力を引き出し、人間社会に適応し、社会の役に立つように飼育や訓練を行なう。

●盲導犬訓練士

盲導犬が視覚障害者のパートナーになれるよう訓練する。同時に犬の手入れや食事、排泄の世話等、犬の生活全般のケアを行なう。

●ドッグトレーナー
ペット犬のしつけや、飼い主に対する飼育指導を行なう。盲導犬、介助犬、警察犬の訓練士も含まれる。

●ペットシッター
自宅をベースに、飼い主の代わりにペットの世話をする。

●トリマー
犬や猫などのカット、シャンプー、トリミング、皮膚や爪の手入れ等を行なうペット専門の美容師。

●ブリーダー
ペットの繁殖や飼育を行う専門家。血統を守りながら、より質の高い犬の繁殖や品種改良を行うこともある。

●フラワーデザイン・アレンジメント
ホテルやレストラン、デパート等、多くの人が集うアメニティ空間をフラワーアレンジメントで心地よく演出する専門家。

●ガーデニング・園芸
玄関先の小さなスペースからベランダ、壁や大きな庭まで、あらゆる空間を美しい草花や樹木で演出する専門家。
●森林インストラクター
自然に関する正しい知識を持ち、森林の案内や森林内での野外活動等の指導を行なう専門家。
●eco検定
「環境に対する幅広い知識と社会の中で率先して環境問題に取り組む姿勢を証明する〝ひとづくり〟、そして環境と経済を両立させた『持続可能な社会』を目指す」という目的で、東京商工会議所が認定する資格。

□ファッション、ブライダル、ジュエリーに関する資格
●着付け師
冠婚葬祭等の場面で、その場にふさわしい着物の知識を身に着け、着物の着装や着付けを行なう。

●ファッション・デザイナー
流行やブランドイメージ等を捉え、素材の選定等の必要な要素を取り入れ、さまざまな洋服をデザインする。
●ファッションコーディネーター・スタイリスト
アパレルメーカー等で、ブランドイメージに即して商品ラインナップや販売促進策を立案する「企画系」と、店舗でトータルな着こなしを提案する「販売系」がある。
●ウエディング・プランナー
結婚式に関わる打ち合わせから準備まで、式に関する仕事をプロデューサー的な感覚で企画し、管理運営をする結婚式のスペシャリスト。
●ブライダル・コーディネーター
結婚式に関わるすべての仕事を統括し、実際に式を運営する。
●ジュエリー（アクセサリー）デザイナー
ジュエリーや貴金属に関する豊富な知識を活かして、さまざまなアクセサリーをデザインする。

●宝石鑑定士
宝石の特性を調べ、本物かどうかを判定する「鑑別」と、ダイアモンドの品質を4C（キャラット、カラー、クラリティ、カット）に基づいて格付けする「鑑定」を行なう。

□料理やフードに関する資格

●調理師
食品の「栄養」「衛生」、「適切な調理法」の知識を持ち、安全な料理を作ることができる調理の専門家。

●栄養士
栄養学に基づいて、栄養バランスのとれたメニューの作成や調理方法の改善等、栄養面から健康な食生活をアドバイスする専門家。

●管理栄養士
栄養指導のための企画や、傷病者に対する療養のために、必要な栄養の指導、大規模給食施設における管理業務や労務管理を行なう。

●フード・コーディネーター
料理はもとより、食材仕入れ、店舗設計、メニュー開発から食のイベントまで、ありとあらゆる「食」の世界を、専門の垣根を越えて有機的に結び付ける専門家。
●パティシエ（製菓衛生師）
ケーキや洋菓子、デザート作りの知識や技術を基本行程からマスターした専門家。
●ソムリエ
ワインに関しての深い知識と経験を活かして、料理との相性を踏まえて、顧客の好みにも応じながら、最適のワインを推奨する専門家。
●バーテンダー
洋酒をはじめ、お酒全般に関する深い知識を持ち、バーなどで顧客との会話を通じて、顧客の好みのお酒やカクテルを提供する。

4. 人気の資格

ご参考までに、「All About」が掲載している人気資格ランキング（株式会社ユーキャン提供）によると、２０１５年のＴＯＰ30の資格は以下のようになっています。

1位　調剤薬局事務
2位　保育士
3位　医療事務
4位　行政書士
5位　マイクロソフトオフィススペシャリスト（MOS）
6位　調理師
7位　介護事務
8位　ファイナンシャル・プランナー（FP技能士）
9位　社会保険労務士
10位　第二種電気工事士
11位　宅地建物取引士
12位　管理栄養士
13位　簿記三級

14位　実用ボールペン字
15位　日商ＰＣ検定三級
16位　介護福祉士
17位　旅行業務取扱管理者
18位　中小企業診断士
19位　社会福祉士
20位　通関士

21位　歯科助手
22位　はじめての家庭料理
23位　司法書士
24位　マンション管理士・管理業務主任者
25位　福祉住環境コーディネーター
26位　危険物取扱者
27位　電験三種

28位　カラーコーディネーター
29位　二級ボイラー技士
30位　ケアマネジャー

5．資格取得の難易度

国家資格、公的資格（一部民間資格）の取得の難易度はおおむね別紙の一覧表のようになります。この難易度については、すべての資格について判定しているわけではありません。また、決められた難易度の基準があるわけではないので、試験の合格率、受験専門校の評価、その他一般的な評判を基に適当に分類してみました。したがって、この分類は私の独断的な判断ですので、あくまで参考程度にとどめていただき、詳しくは資格受験専門学校等でご確認ください。

資格取得の難易度

比較的高い	普　通	比較的低い
弁護士	宅地建物取引士	あんまマッサージ指圧師
公認会計士	建築士(2級)	鍼灸師
税理士	保育士	柔道整復師
弁理士	社会福祉士	調理師
司法書士	薬剤師	製菓衛生師(パティシエ)
行政書士	臨床検査技師	介護福祉士
中小企業診断士	土地区画整理士	栄養士
社会保険労務士	総合旅行業務取扱管理者	看護士
技術士	マンション管理士	歯科衛生士
不動産鑑定士	FP技能士(2級)	国内旅行取扱管理者
気象予報士	監理業務主任者	ボイラー技士
土地家屋調査士	ｷｬﾘｱ･ｺﾝｻﾙﾃｨﾝｸﾞ技能検定	ボイラー整備士
建築士(1級)	造園施工管理技士	危険物取扱者(乙･丙種)
通訳案内士	通関士	高圧ガス販売主任者
管理栄養士	測量士	液化石油ガス設備士
労働安全コンサルタント	衛生管理者	自動車整備士
労働衛生コンサルタント	ガス主任技術者	アマチュア無線技士
FP技能士(1級)	電気工事士	ビル経営管理士
環境測量士	食品衛生監視員	商業施設士
日商マスター	エネルギー管理士	職業訓練指導員
簿記検定(1級)	建築設備士	廃棄物処理施設管理者
ビジネス実務法務検定(1級)	手話通訳士	小型船舶操縦士
	消費生活アドバイザー	司書･司書補
	点字技能検定	食品衛生管理者
	インテリアコーディネーター	電気取扱者
	公認内部監査人	清掃作業監督者
	ITコーディネーター	防火管理者
	森林インストラクター	

おわりに

私はこの本を出版するにあたり、当初は「自分の思いや体験談」＋「仕事を始めるノウハウ」を単独で書こうかと思いましたが、シニアの方々はすでにビジネスの経験が豊富なので、後半部分は止めにして、事例としての体験談を多く載せようと思いました。

実際にビジネスを展開している友人たちに相談すると、「新戦力！働こう年金族」のタイトルとコンセプトが良いと言ってもらいました。体験談の出稿をお願いしても、難しいかな？　と思っていましたが、いざ頼むと11名の人に気持ちよく「いいよ！」と引き受けてもらえました。

もちろんそれはタイトルや趣旨を理解してくれての事だとは思いますが、その根底には全員が、「人の役に立ちたい！」と言う共通の思いがあったからだと思います。私もシニアの方々に、自分自身の思いや体験談、それに様々な仕事をしている友人たちの事例を述べて、一人でも多くのシニアの方が仕事をスタートされる事を願っています。

しかしながら、言うだけ、言いっぱなし、ではいけないと思い、そのための「受け皿」というか、セーフティーネットを用意致しました。今まで、シニア向けに誰も手をつけてこなかった、次の2つの仕事を進めていきます。

1、シニア向けに特化した「創業塾」

世に創業塾はたくさんありますし、私もかつてそこで学びました。

しかし、今ある創業塾は現役世代を対象としたような感があります。もちろんそこで学んでも良いわけですが、人によっては若い人と一緒に学ぶことに抵抗のある方もいらっしゃるようです。

そこで、シニアに特化した「創業塾」を作り、そこで同じような仲間の方と学んで頂きます。年代が近く、話も合えば、仲間意識も出来、起業後も必ずや良いネットワークも構築できると思います。

講師陣は私をはじめ、出稿に協力頂いた、たくさんの現役の講師もおりますので、参加される皆様を全力でサポート致します。

2、シニア向けの「ホームページ」の制作

事業を始めると、まず必要になるのがホームページです。しかし、このホームページはシニア世代には苦手な方も多いかもしれません。「よくわからない」の言葉に代表されるように、どのようなものが良いのか？　値段が適切か？

わからないので、業者に丸投げしてしまうケースも多々あろうかと思います。その様な不安を解消する意味でも、シニア向けに特化した、

・シンプルで
・見やすく
・廉価な

ホームページを提案いたします。

ビジネスのスタート時には、高度な事はいりません。会社の看板として、最低限必要なものが掲載されていれば良い訳です。余分なものがつくから高くなるのです。

我々にはホームページを作って10年以上のベテランが複数控えています。今まで数百件のホームページを作ってきたでしょう。その経験知を活かして、シニア向け用に「シンプルで廉価」なホームページをスピーディーに提供いたします。

今回の出版にあたり、体験談を出稿頂いた多くの知人や仲間の方々、それに出版が

初めての私に親身になっていろいろアドバイスをしてくださった（一社）発明学会の中本会長、日本地域社会研究所の落合社長など、多くの方にお世話になりました事を心より感謝申し上げます。

２０１６年１月

（株）エンカウンター
代表取締役　原　忠男

著者紹介

原　忠男（はら・ただお）

１９４４年（昭和１９年）満州生まれ。

明治学院大学　経済学部卒。

（株）ヤオハンデパートに入社し、主に海外にて新規事業を手がけ、USA での拠点作りや、シンガポールでの国際卸売センターの設立等を行なう。

現在は（株）エンカウンターの代表取締役として、中小企業の国内・海外の新規事業の立ち上げ支援セミナーや、「街の発明家」の開発商品のネットでの販売を展開。

最近は、シニア世代の活性化を図り、“起業のすすめ”として、シニアに特化した「創業塾」を展開中。

URL://www.encounter.co.jp
E-mail: hara@encounter.co.jp　Tel: 042-370-7088

新《しん》戦《せん》力《りょく》！働《はたら》こう年《ねん》金《きん》族《ぞく》

2016年1月27日　第1刷発行

編著者　原《はら》　忠男《ただお》
監修者　中本繁実《なかもとしげみ》
発行者　落合英秋
発行所　株式会社 日本地域社会研究所
〒167-0043　東京都杉並区上荻1-25-1
TEL　(03)5397-1231(代表)
FAX　(03)5397-1237
メールアドレス　tps@n-chiken.com
ホームページ　http://www.n-chiken.com
郵便振替口座　00150-1-41143
印刷所　中央精版印刷株式会社

ISBN978-4-89022-174-5